EBS 초등 인성학교 ①

내 마음의 소리

내 마음의 소리

초판 1쇄 발행 2016년 9월 1일
초판 3쇄 발행 2020년 3월 31일

기획 EBS 미디어
글 EBS 〈스쿨랜드 인성〉 제작팀
그림 이지후 · 지우
감수 박성춘

펴 낸 곳 (주)가나문화콘텐츠
펴 낸 이 김남전
편 집 장 유다형
기획·편집 이보라
외주편집 임지영
디 자 인 정란
마 케 팅 정상원 한웅 정용민 김건우
경영관리 임종열 김하은

출판 등록 2002년 2월 15일 제10-2308호
주   소 경기도 고양시 덕양구 호원길 3-2
전   화 02-717-5494(편집부) 02-332-7755(관리부)
팩   스 02-324-9944
홈페이지 ganapub.com
이 메 일 ganapub@naver.com

ISBN 978-89-5736-851-0 (74190)
     978-89-5736-854-1 (세트)

* 책값은 뒤표지에 표시되어 있습니다.
* 이 책의 내용을 재사용하려면 반드시 저작권자와 (주)가나문화콘텐츠 양측의 동의를 얻어야 합니다.
* 잘못된 책은 바꾸어 드립니다.
* '가나출판사'는 (주)가나문화콘텐츠의 출판 브랜드입니다.

이 도서의 국립중앙도서관 출판시도서목록(CIP)은 서지정보유통지원시스템 홈페이지(http://seoji.nl.go.kr)와
국가자료공동목록시스템(http://www.nl.go.kr/kolisnet)에서 이용하실 수 있습니다.(CIP제어번호: CIP2016018376)

· 제조자명 : 가나출판사
· 주소 및 전화번호 : 경기도 고양시 덕양구 호원길 3-2 / 02-717-5494
· 제조연월 : 2020년 3월 26일
· 제조국명 : 대한민국
· 사용연령 : 4세 이상 어린이 제품

EBS 스쿨랜드

EBS 초등 인성학교 1
내 마음의 소리

EBS 방송대상 수상작!
'EBS 스쿨랜드 인성'
8개 영상 수록

기획 EBS 미디어 | 글 EBS 〈스쿨랜드 인성〉 제작팀 | 그림 이지후·지우 | 감수 박성춘

어린이들의 생생 질문에서 시작하는 인성이 싹트는 재미있는 이야기

"욕을 하는 건 왜 나빠?"
"시험을 좀 못 보면 어때서?"
"음식을 남기면 왜 안 돼?"

부모님을 움찔하게 만드는 아이들의 질문들. 혹시 머뭇머뭇하면서 '그렇게 하면 안 된다.'라고만 답한 적 없으신가요? 어른들에게는 당연한 것이지만 이렇게 하면 왜 안 되는지, 뭐가 문제인지 아이들 마음속에는 궁금증이 피어납니다.

《EBS 초등 인성 학교》는 아이들이 세상을 향해 던지는 질문과 궁금증을 중심으로 이루어져 있습니다. '당연히 그래야 한다.'라고만 여겼던 일들에 대한 여러 가지 질문들이 담겨 있지요.

또래 친구인 말괄량이 소녀 '다나'를 통해 아이들의 궁금증을 보여 줍니다. 다나가 일상에서 겪은 일을 통해 정직, 배려, 착한 소비, 리더십, 도전과 용기, 아름다운 꿈 등 다양한 주제를 생각하도록 이끌어 주지요. 또한 통일, 외국인 친구에 대한 편견 등 세계 시민으로 성장하기 위해 고민해 봤으면 하는 내용들도 담고 있습니다.

총 3권으로 구성된 이 책은 '내 마음의 소리', '함께 사는 세상', '꿈과 미래'

라는 큰 주제를 중심으로 나와 우리 이웃·친구, 우리가 만들어 갈 미래에 대해 살펴봅니다. 책 속에 담긴 24가지 질문들의 답을 찾다 보면 아이들 마음의 깊이도 한 뼘 더 깊어질 것입니다.

《EBS 초등 인성 학교》는 각 질문마다 아이들이 좋아하는 만화, 감성을 자극하는 동화와 실제 이야기, 실험과 연구를 바탕으로 한 구체적인 자료, 꽁짜 할머니가 주제를 정리해 주는 마무리 글, 인성 사전 만들기로 구성되어 있습니다.

또한 기존의 인성 관련 책들이 주로 동화와 같은 허구를 다루었다면, 이 책은 실화나 실험 자료 등 구체적인 실례를 다루고 있기 때문에 아이들에게도 더 큰 울림을 전해 줄 것이라 생각합니다. 아이들이 직접 겪을 만한 일들, 또 그 과정을 거쳐 온 사람들의 실제 이야기들이 담겨 있으니까요.

따라서 한 질문 한 질문 읽다 보면 그리고 부모님과 함께 이야기하다 보면, 올바른 마음가짐이란 무엇인지 더불어 살아가기 위해 어떤 마음을 지녀야 할지 스스로 깨닫는 힘을 키울 수 있을 것입니다.

서울대학교 윤리교육과 교수 **박성춘**

《EBS 초등 인성 학교》 이렇게 구성되었어요!

QR코드

각 이야기가 시작되는 첫 페이지에 QR코드가 있어요. 'EBS 초등 사이트'의 '스쿨랜드-인성'으로 연결되는 코드랍니다. 스마트폰으로 QR코드를 찍어서 이야기에 해당하는 영상도 함께 보세요.

다나의 일기

다나가 학교와 집에서 겪은 좌충우돌 이야기를 재미있는 만화로 만나요! 다나의 하루를 따라가다 보면 어느새 다양한 주제에 대해 생각하게 될 거예요. 다나의 일기를 보며, 내가 다나라면 어떤 결정을 할지도 함께 생각해 보세요.

꽁짜 할머니가 들려주는 인성 이야기

다나의 궁금증 해결사인 꽁짜 할머니가 고민에 빠진 다나에게 들려주는 이야기예요. 꽁짜 할머니에게는 가슴 찡한 동화와 실제로 있었던 일, 여러 학자의 실험이나 연구 결과 등 다양한 이야기 보따리가 있어요. 꽁짜 할머니가 들려주는 이야기를 통해 나라면 어떻게 해결할지 생각해 보세요.

꽁짜 할머니의 인성 특강

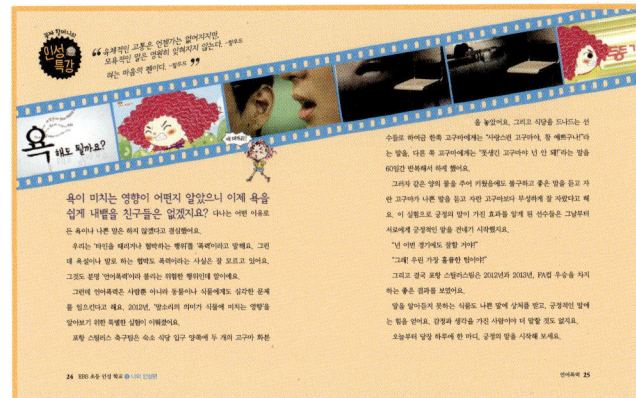

'꽁짜 할머니가 들려주는 인성 이야기'에서 생각해 볼 내용들을 짚어 줘요. 생각의 가지를 뻗다 보면 고민의 답을 스스로 찾을 수 있을 거예요. 이야기의 주제와 관련해서 훌륭한 사람들이 남긴 명언들도 담겨 있어요. 짧지만 깊은 뜻을 담고 있는 말이니 도움이 될 거예요. 놓치지 말고 꼭 읽어 보세요.

내가 만드는 인성 사전

다나와 꽁짜 할머니가 들려주는 이야기에는 핵심 주제들이 있어요. 나는 어떻게 생각하는지 나만의 인성 사전을 만들면서 생각을 정리해 보세요. 다나가 먼저 써 놓은 글이 있으니 전혀 어렵지 않을 거예요. 다나와 함께 자신만의 인성 사전을 만들어 보세요.

추천하는 글 · 4
이 책의 구성 · 6

언어폭력
욕하는 게 어때서?
다나의 일기 친구에게 욕을 한 날 · 12
꼰짜 할머니가 들려주는 인성 이야기 몸과 마음을 병들게 하는 언어폭력 · 14
꼰짜 할머니의 인성 특강 · 24   내가 만드는 인성 사전 · 26

배려
처음 본 친구의 마음을 좀 몰라주면 어때서?
다나의 일기 놀이터에서 낯선 아이를 만난 날 · 28
꼰짜 할머니가 들려주는 인성 이야기 희망과 용기를 주는 배려 · 30
꼰짜 할머니의 인성 특강 · 36   내가 만드는 인성 사전 · 38

웃음과 긍정
긍정적으로 생각하면 뭐든 할 수 있다고?
다나의 일기 채소 주스를 맛있게 마신 날 · 40
꼰짜 할머니가 들려주는 인성 이야기 전쟁의 두려움도 잊게 해 주는 웃음과 긍정의 힘 · 42
꼰짜 할머니의 인성 특강 · 50   내가 만드는 인성 사전 · 52

편견과 다양성
외국인 친구를 보고 피하는 게 어때서?
다나의 일기 외국인 친구를 보고 도망친 날 · 54
꼰짜 할머니가 들려주는 인성 이야기 눈과 마음을 멀게 하는 편견 · 56
꼰짜 할머니의 인성 특강 · 64   내가 만드는 인성 사전 · 66

책임감
내 강아지가 아닌데 모른 척하면 어때서?
다나의 일기 개똥 위에 넘어진 날 · 68
꽁짜 할머니가 들려주는 인성 이야기 곤경에 빠진 사람도 구해내는 책임감 · 70
꽁짜 할머니의 인성 특강 · 78　　**내가 만드는 인성 사전** · 80

정직
아무도 모르는데 그냥 넘어가면 어때서?
다나의 일기 화분을 깬 날 · 82
꽁짜 할머니가 들려주는 인성 이야기 우승보다 값진 정직 · 84
꽁짜 할머니의 인성 특강 · 90　　**내가 만드는 인성 사전** · 92

용기
나쁜 아이들을 잡는 데 모르는 척하면 어때서?
다나의 일기 경찰 아저씨가 찾아온 날 · 94
꽁짜 할머니가 들려주는 인성 이야기 인종 차별에 맞서 싸운 로자 파크스의 용기 · 96
꽁짜 할머니의 인성 특강 · 106　　**내가 만드는 인성 사전** · 108

양심
주인 없는 돈을 갖는 게 어때서?
다나의 일기 주인 없는 돈을 주운 날 · 110
꽁짜 할머니가 들려주는 인성 이야기 법보다 무거운 마음의 법, 양심 · 112
꽁짜 할머니의 인성 특강 · 118　　**내가 만드는 인성 사전** · 120

욕하는 게 어때서?

명수는 학교에서도, 동네에서도 자꾸 다나를 놀렸어요.
화가 난 다나는 명수에게 욕을 퍼부었지요.
그런데 꽁짜 할머니 말이 욕이 위험하대요.
그저 험한 말을 했을 뿐인데 왜 위험하다는 걸까요?

언어폭력

EBS 스쿨랜드
〈욕해도 괜찮을까?〉

 # 친구에게 욕을 한 날

와싸슈퍼를 지나는 길이었어.

뒤를 돌아보니 명수가 씩씩대고 있었어.
화를 낼 사람은 욕을 들은 나인데 말야.

실은 오늘 수학 시간에 이런 일이 있었어.
문제를 풀기 위해 칠판 앞에 나갔어.
멋지게 문제를 풀고 선생님께 칭찬받을
생각에 기분이 절로 우쭐해졌지.
그런데 너무 자신만만했던 탓일까?
이상하게도 문제를 못 풀겠는 거야.
바로 그때였어.

세상에! 새대가리라니.
얼굴은 홧홧해지고,
가슴은 울렁거렸어.

선생님이 벌을
주지 않았더라면

난 당장 명수에게
달려들었을지도 몰라.

몸과 마음을 병들게 하는 언어폭력

거울을 보며 자지러지게 소리치는 청년이 있었어요.

"으아악! 저건 괴물이야! 괴물!"

괴물이라니! 거울 속에 정말 괴물이 나타난 걸까요?

거울 속에 비친 건 바로 청년 자신의 모습이었어요. 제 모습에 당황해서 벌벌 떠는 청년! 청년에게는 무슨 일이 벌어진 걸까요?

청년의 어린 시절은 불행했어요. 어느 날, 엄마가 집을 나가 버렸거든요.

"난 더 이상 네 아버지와 살 수 없어! 더 이상 욕과 폭력에 시달리며 살긴 싫어!"

엄마는 늘 아버지의 폭력과 폭언에 시달리고 있었던 거예요.

아버지는 평소에는 온순했어요. 아이와 잘 놀아 주고, 일도 열심히 했어요. 이웃에서도 마음씨 좋은 사람으로 불릴 정도였지요.

하지만 술만 마시면 다른 사람이 되었어요.

"이 ××야! 죽여 버릴 거야!"

"닥쳐! ××야!"

입에도 담기 힘든 욕이 쏟아져 나오고, 보이는 대로 집어던지며 엄마를 괴롭혔지요.

그런 아버지의 모습이 아이 눈에는 괴물처럼 보였어요.

"괴물이야! 저건 아버지가 아니야!"

아버지가 괴물로 변한 밤이면 아이는 이불을 뒤집어쓴 채 벌벌 떨어야 했어요.

엄마가 집을 나간 뒤, 아버지의 폭언과 폭력은 더욱 심해졌어요. 그리고 그것은 고스란히 아이의 몫이 되었지요.

술을 마시고 온 날이면 아버지는 세상에서 가장 무섭고 흉악한 괴물로 변했어요.

"이 재수 없는 놈! 너를 낳고부터 나쁜 일만 생겼어! 넌 정말 재수 없는 ×× 놈이야!"

폭언과 폭력은 날이 갈수록 심해졌고, 아이는 무차별적인 폭력에 노출되어야 했지요.

그러는 사이 아이는 사춘기를 지나 청년이 되었어요. 이제 청년은 어린아이가 아니었어요. 키도 크고 목소리도 더 이상 여리지 않았어요. 건장해진 체격만큼이나 걸걸해졌지요.

그런데 청년은 모습이나 목소리만 변한 게 아니었어요. 걸걸한 목소리로 내뱉는 말도 변해 버린 거예요.

"이 ×× 놈아! ×× 머저리야!"

거침없이 쏟아붓는 욕설과 폭언! 청년은 폭력도 서슴없이 저질렀어요. 어느새 청년은 가장 싫어했던 아버지의 모습을 그대로 닮아 가고 있었던 거예요.

그리고 어느 날 거울을 보던 청년은 화들짝 놀라고 말았어요.

"으아악! 저건 괴물이야! 괴물!"

거울 속 청년의 모습은 점점 아버지의 모습으로 변하고 있었어요. 술만 마시면 욕과 폭력을 휘둘러 대던 흉악한 괴물!

청년은 어쩌다 흉악한 괴물로 변한 걸까요?

그 답은 과학자들의 두 가지 실험에서 찾을 수 있어요.

서울대학교 심리학과 곽금주 교수팀은 특별한 실험을 했어요.

욕을 100회 이상 사용하는 A 집단과 욕을 거의 사용하지 않는 B 집단이 있어요. 이 두 집단을 비교 실험해서 어떤 차이가 발생하는지를 관찰해 보았지요. 실제로 욕이 아이들의 성격이나 생활에 어떤 영향을 미치는지를 관찰한 거예요. 당시 실험에 대해 들은 사람들은 떨떠름한 반응을 보였어요.

"욕을 한다고 해서 하지 않는 아이들과 무슨 큰 차이가 있겠어?"

"아이들은 대부분 욕 하면서 자라는 거 아냐?"

그런데 연구팀이 다양한 방법으로 두 집단을 관찰하고 발표한 결과는 놀라웠지요.

"실제로 욕을 많이 사용하는 아이들에게 여러 가지 부정적인 영향이 관찰되었습니다."

연구팀에 따르면, 욕을 많이 쓰는 아이들은 그러지 않은 아이들에 비해 인내심과 계획성이 현저히 부족했어요. 분노를 저지하거나 행동을 자제하는 자기 제어 능력도 떨어졌어요.

더욱 놀라운 건 어휘력에도 큰 차이를 보였다는 거예요. 평소에 욕을 많이 사용하는 아이들은 그러지 않은 아이들에 비해 어휘력이 많이 떨어졌어요.

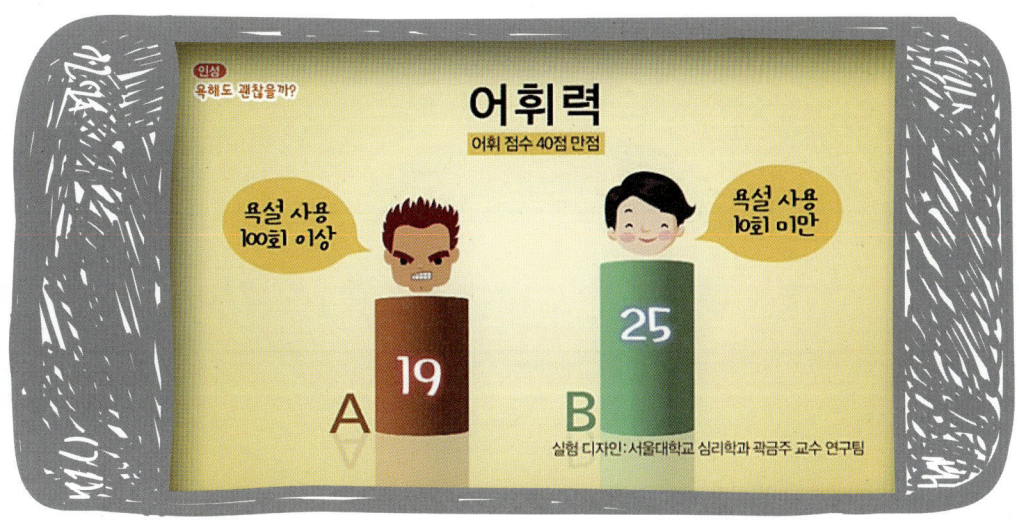

그 이유를 연구팀은 이렇게 설명했어요.

"충동적으로 욕을 내뱉다 보면 모든 행동과 언어가 충동적으로 변하기 마련입니다. 그래서 자기 제어 능력이 떨어지는 거지요. 또 실험을 하다 보니, A 집단에서는 욕을 쓰지 않으면 말을 이어 가기 힘들 정도로 불편함을 느끼는 아이들도 있었습니다. 욕설을 주로 사용하다 보니 형용사나 부사 등의 다양한 표현을 사용할 필요가 없었기 때문에 자연스럽게 어휘력이 떨어진 것으로 보입니다."

이 같은 연구 결과는 사회를 떠들썩하게 만들었지요. 무심코 내뱉은 욕설과 나쁜 말들이 아이들에게 이토록 큰 영향을 끼치고 있을 줄은 아무도 몰랐으니까요.

그런데 더욱 놀라운 연구 결과가 세상에 발표되었어요. 미국 하버드대학교 의과대학에서 내놓은 연구 결과였어요.

당시 마틴 타이커 교수팀은 욕에 관한 특별한 실험을 하고 있었어요.

"욕이 그 욕설을 사용하는 당사자의 성격과 삶에 좋지 않은 영향을 준다는 건 모두가 알고 있습니다. 그럼 누군가로부터 욕설을 듣는 사람은 어떤 영향을 받을까요? 욕이 사람의 뇌에 어떤 영향을 주지 않을까요? 우리 팀은 그것을 연구해 보려고 합니다."

마틴 타이커 교수팀의 연구도 처음에는 사람들의 주목을 끌지 못했어요.

　"에이! 말도 안 돼. 욕이 어떻게 뇌에까지 영향을 주겠어?"

　억지스런 주장으로 보였던 거지요.

　하지만 오랜 시간 연구 끝에 그 결과가 발표되던 날, 사람들은 벌어진 입을 다물 수가 없었지요.

　"세상에! 욕이 뇌에 상처를 주다니!"

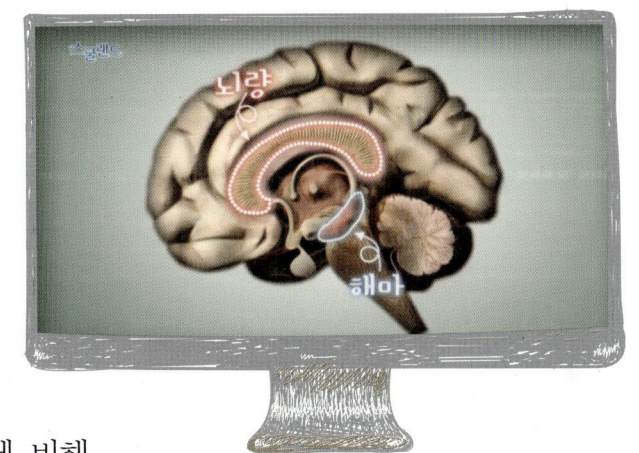

　마틴 타이커 교수팀은 학창 시절 친구들에게서 지속적으로 언어폭력을 당했던 사람들의 뇌를 공개했는데, 그 결과가 충격적이었던 거예요. 정상적인 사람의 뇌에 비해 상당히 쪼그라들어 버린 '뇌량'과 '해마' 부위!

　사람의 뇌는 크게 왼쪽과 오른쪽 두 부분으로 나뉘는데, 이 둘을 연결해 주는 다리 역할을 하는 부분이 뇌량이에요. 뇌량이 손상되면, 양쪽 뇌의 정보가 원활하게 교류하지 못하게 되지요. 그래서 언어 능력이나 사회성에 문제가 생기는 거예요.

　해마 부위는 감정과 기억을 담당하는 중요한 기관이에요. 이 부분에 문제가 생기면 쉽게 불안해지고 우울증에 걸릴 확률이 높아지지요.

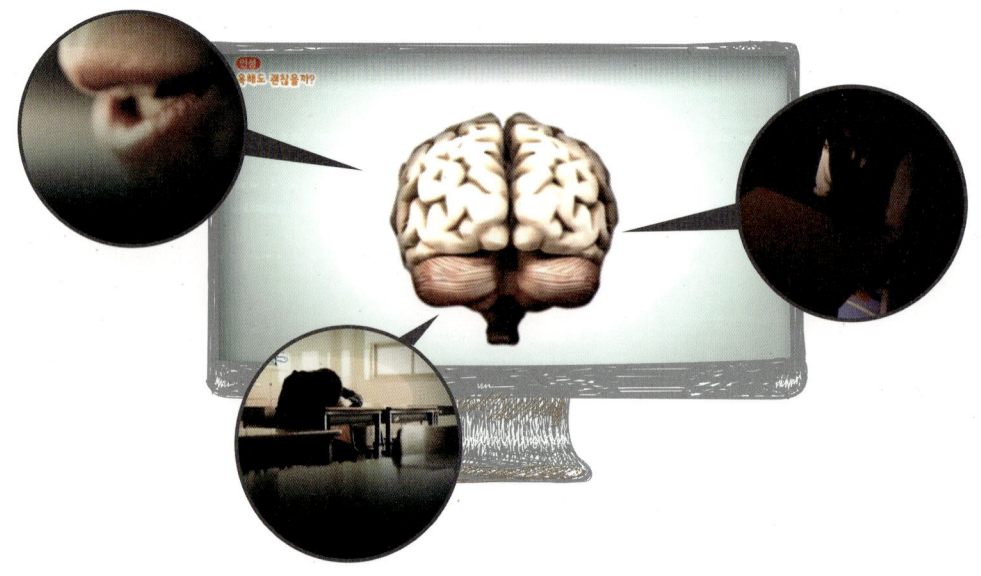

"도대체 왜 저런 일이 생길까?"

"욕이 어떤 작용을 하기에 뇌를 손상시키는 걸까?"

　믿기지 않는 결과에 사람들은 어리둥절했지요. 그 원인에 대한 마틴 타이커 교수팀의 설명은 더욱 놀라웠어요.

"욕을 듣게 되면, 우리 몸에서는 특별한 호르몬이 분비됩니다. 스트레스 호르몬으로 알려진 '코티졸'이에요. 아동기는 뇌량과 해마 등의 뇌 부위가 주로 발달하는 중요한 시기입니다. 그런데 그 시기에 코티졸이 과다하게 분비되면 어떻게 될까요? 뇌가 제대로 발달하지 못하면서 문제가 발생하지요. 그 결과 뇌량과 해마 부위가 쪼그라드는 현상이 나타난 것입니다."

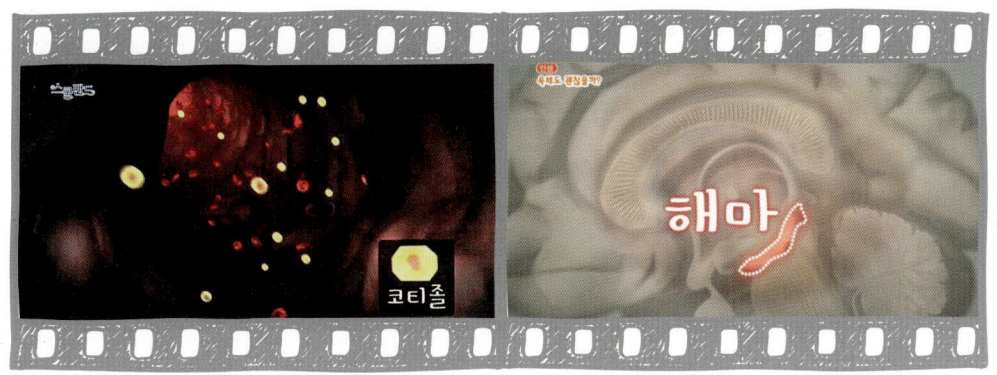

두 연구 결과는 아버지의 욕설과 폭력이 청년의 삶을 얼마나 황폐하게 만들었는지를 알려 주고 있어요. 어린 시절부터 지속적인 폭언을 듣고 자란 청년의 뇌는 정상적으로 발달할 수 없었을 거예요. 그리고 인성과 성격 형성에도 부정적인 영향을 미치지 않았을까요?

결국 아버지의 폭력과 폭언은 아들과 자신의 인생을 불행으로 이끌고 만 거지요.

"" 육체적인 고통은 언젠가는 없어지지만,
모욕적인 말은 영원히 잊혀지지 않는다. -탈무드
혀는 마음의 펜이다. -탈무드 ""

욕이 미치는 영향이 어떤지 알았으니 이제 욕을 쉽게 내뱉을 친구들은 없겠지요? 다나도 어떤 이유로든 욕이나 나쁜 말은 하지 않겠다고 결심했어요.

우리는 '타인을 때리거나 협박하는 행위'를 '폭력'이라고 말해요. 그런데 욕설이나 말로 하는 협박도 폭력이라는 사실은 잘 모르고 있어요. 그것도 분명 '언어폭력'이라 불리는 위험한 행위인데 말이에요.

그런데 언어폭력은 사람뿐 아니라 동물이나 식물에게도 심각한 문제를 일으킨다고 해요. 2012년, '말소리의 의미가 식물에 미치는 영향'을 알아보기 위한 특별한 실험이 이뤄졌어요.

포항 스틸러스 축구팀은 숙소 식당 입구 양쪽에 두 개의 고구마 화분

을 놓았어요. 그리고 식당을 드나드는 선수들로 하여금 한쪽 고구마에게는 "사랑스런 고구마야, 참 예쁘구나!"라는 말을, 다른 쪽 고구마에게는 "못생긴 고구마야 넌 안 돼!"라는 말을 60일간 반복해서 하게 했어요.

그러자 같은 양의 물을 주어 키웠음에도 불구하고 좋은 말을 듣고 자란 고구마가 나쁜 말을 듣고 자란 고구마보다 무성하게 잘 자랐다고 해요. 이 실험으로 긍정의 말이 가진 효과를 알게 된 선수들은 그날부터 서로에게 긍정적인 말을 건네기 시작했지요.

"넌 이번 경기에도 잘할 거야!"

"그래! 우린 가장 훌륭한 팀이야!"

그리고 결국 포항 스틸러스팀은 2012년과 2013년, FA컵 우승을 차지하는 좋은 결과를 보였어요.

말을 알아듣지 못하는 식물도 나쁜 말에 상처를 받고, 긍정적인 말에는 힘을 얻어요. 감정과 생각을 가진 사람이야 더 말할 것도 없지요.

오늘부터 당장 하루에 한 마디, 긍정의 말을 시작해 보세요.

친구에게 욕을 한 날, 다나는 '언어폭력'에 대해 생각하게 됐어요.
다나가 생각하는 언어폭력은 어떤 것인지 들어 보고,
내가 생각하는 언어폭력을 써 보세요.

다나가 생각한 **언어폭력**은
명수가 자신을 새대가리라고 놀려서 가슴이 울렁거리게 만드는 거예요.

다나가 생각한 **언어폭력**은
몸과 마음을 병들게 하는 욕이나 분노의 말이에요.

내가 생각한 **언어폭력**은

예요.

처음 본 친구의 마음을 좀 몰라주면 어때서?

다나는 친구들과 놀이터에서 놀다가
휠체어 탄 아이를 만났어요. 같이 놀고 싶어 하는 것 같은데,
그 친구랑은 어떻게 놀아야 할지 잘 모르겠어요.
다 같이 놀 수 있는 방법이 없을까요?

배려

EBS 스쿨랜드
〈괜찮아!〉

다나의 일기: 놀이터에서 낯선 아이를 만난 날

희망과 용기를 주는 배려

오늘도 영희는 대문 앞 계단에 나와 오도카니 앉았어요. '여긴 내 자리야!' 하는 것처럼 말이에요.

방과 후면 동네 아이들은 골목길로 몰려나와요. 삼삼오오 짝을 지어 술래잡기도 하고, 숨바꼭질, 사방치기, 고무줄놀이를 하며 골목을 뛰어다니지요.

하지만 영희는 그럴 수 없어요. 다리를 쓰지 못하는 장애를 가졌거든요. 태어난 지 1년 만에 소아마비에 걸려 1급 장애 판정을 받은 거예요. 그런 영희를 위해 엄마는 대문 앞 계단에 방석을 깔아 영희의 자리를 만들어 주었어요. 친구들과 뛰어놀 수 없는 영희를 위한 엄마의 배려였던 거예요.

그런데 영희를 위한 배려는 그게 끝이 아니었어요.

"숨바꼭질할 사람 여기 붙어라!"

"고무줄놀이 할 사람은 여기 붙어!"

함께 놀 친구를 찾는 아이들의 목소리로 골목길이 요란해질 때면, 그 소리들 속에는 꼭 '영희야!' 하는 소리도 섞여 나왔거든요.

우르르 몰려든 남자아이들이 소리쳤어요.

"영희야! 우리 달리기할 건데 심판 좀 봐 줘!"

여자아이들도 소지품을 영희 옆에 쌓아 놓으며 부탁했어요.

"영희야! 여기 책가방하고 신발주머니 좀 맡아 줘. 우리 고무줄놀이 할 거니까."

슬쩍 와서는 귓속말을 하고 가는 친구도 있었지요.

"영희야, 나 저기 대문 뒤에 숨을 거야. 술래가 찾는지 보고 있어."

그러다 보니 놀이를 하는 아이들보다 영희가 더 바쁠 때가 많았어요. 가만히 앉아서 심판도 보고, 가방도 지키고, 술래도 살펴야 했던 거지요.

하지만 때로는 영희의 얼굴이 어두워지기도 했어요. 심판을 보거나 가방을 지키는 것만으로는 달랠 수 없는 슬픔이 있었으니까요.

'나도 친구들과 어울려서 뛰어놀 수 있다면 얼마나 좋을까?'

친구들은 그런 영희의 마음도 귀신같이 알아챘어요. 영희의 표정이 슬퍼지는 날이면 공깃돌을 주워 들고는 쪼르르 달려와서 말했거든요.

"영희야! 우리 같이 공기놀이하자!"

공기놀이는 손으로만 하는 놀이라 영희도 얼마든지 할 수 있었거든요. 공깃돌이 좌르르 펼쳐지면 영희는 어깨가 으쓱해졌어요. 골목에서 영희만큼 공기를 잘하는 아이는 없거든요.

"영희야, 우리 좀 봐줘라. 넌 공깃돌 여왕이잖아. 살살 좀 해줘!"

"알았어! 걱정 마!"

영희는 잘 알고 있었어요.

친구들의 모든 행동이 자신을 배려한 것이란 걸 말이에요. 심판을 맡기고, 가방을 맡기는 것도 영희가 소외감을 느끼지 않도록 역할을 주는 거란 걸 말이에요.

그런데 하루는 영희가 낯선 골목 풍경을 경험해야 했어요. 그날은 영희네 반만 다른 반보다 일찍 끝이 난 터라, 영희 혼자 골목에 앉아 친구들을 기다려야 했거든요. 친구들이 오지 않는 텅 빈 골목길. 아무 소리도 들리지 않는 적막한 골목길.

영희의 눈에는 금세 눈물이 그렁그렁 차올랐어요.

'걸을 수만 있으면 친구들을 찾아 학교로 갈 텐데……. 이렇게 친구들이 와 주길 기다리는 것밖엔 아무것도 할 수 없어.'

외로움과 슬픔이 왈칵 차올랐지요.

그런데 그 순간 낯익은 소리가 들렸어요. 찰각! 찰각! 찰각!

"가위 소리다!"

가위 소리는 깨엿 장수 아저씨가 내는 소리였어요. 골목의 적막을 깨는 그 소리가 오늘따라 영희는 더욱 반가웠지요. 영희는 손등으로 눈물을 훔치며 깨엿 장수를 쳐다봤어요. 깨엿을 사 먹지는 못하지만, 그 소리만 듣고 있어도 기분이 좋았거든요.

가위를 쩔렁이며 골목을 지나가던 깨엿 장수 아저씨가 뒤돌아 영희를 봤어요. 그러더니 어깨에 멘 판에서 깨가 듬뿍 붙은 엿 두 개를 꺼내 영희 손에 쥐어 주었어요. 놀란 눈을 하고 있는 영희를 향해 깨엿 장수

아저씨는 빙긋 웃었어요. 그러면서 읊조리듯 나지막이 말했어요.

"괜찮아."

'괜찮아!'는 영희의 마음을 달래는 격려의 소리였어요. 나눔의 소리였고, 영희의 마음을 일으켜 주는 부축의 소리였어요. 그 말은 무엇이든 할 수 있게 용기를 주었고, 도전할 수 있는 힘도 주었지요.

영희는 무엇에든 도전했어요. 두 손으로 할 수 있는 일이라면 어떤 일이라도 즐겁게 해 나갔어요. 그리고 열심히 공부를 해서 대학에도 들어갔지요.

사실 당시에는 장애를 가진 사람이 대학을 입학하는 게 쉽지 않았어요.

장애에 대한 편견과 차별이 아주 심했기 때문에 입학 시험의 기회조차 잡기가 힘들었지요.

하지만 영희는 포기하지 않고 도전했어요. 아버지와 함께 서강대학교의 브루닉 신부를 찾아간 거예요.

'세상에는 좋은 사람들이 많아. 이번에도 내게 '괜찮다.'고 말해 줄 사람이 분명히 있을 거야.'

영희는 브루닉 신부에게 조심스럽게 물었어요.

"전 다리를 쓸 수 없어요. 그래도 이 학교의 입학 시험을 볼 기회를 주시면 안 될까요?"

그러자 브루닉 신부는 눈을 휘둥그레 뜨며 말했지요.

"무슨 그런 이상한 질문이 있습니까? 시험을 머리로 보지, 다리로 보나요? 장애인이라고 해서 시험 보지 말라는 법이 어디 있습니까?"

영희의 생각이 맞았던 거예요. 순간 영희의 귓가에는 그리운 목소리들이 들려왔어요. 어린 시절 골목길에서 듣던 다정한 소리들이었지요.

"영희야! 심판 좀 봐 줘."

"영희야! 가방 좀 맡아 줘."

"영희야! 내일도 같이 놀자."

"영희야! 괜찮아! 괜찮아!"

"배려와 친절은 온갖 모순을 해결한다. 얽힌 것을 풀어 주고 난해한 것을 수월하게 해 주며 암울한 것을 환희로 바꾸어 놓는다." - 체스터필드

도움이 필요한 사람들을 보면 어떻게 행동해야 할까요? 어떻게 해야 할지 몰랐던 어린이 친구들, 이제는 어떻게 해야 할지 알겠지요?

다나와 친구들은 휠체어를 탄 남자아이에게로 달려가서 말했어요.

"우리하고 같이 무궁화꽃 놀이하자."

남자아이는 뛸 수 없으니 술래를 하기로 했어요. 그렇게 하고 싶던 "무궁화꽃이 피었습니다!"라는 말을 실컷 외칠 수 있게 된 거지요.

앞의 이야기 속에 나오는 영희는 교수이자 작가로 활동한 장영희 교수예요. 어린 영희는 꿈을 포기하지 않고 계속 도전해서 글을 쓰는 작가도

되고, 학생들을 가르치는 교수도 되었어요.

하지만 그 길이 쉬운 건 아니었어요. 박사 과정을 밟을 때 국내에서는 받아 주는 대학이 없던 탓에 미국 유학까지 가야만 했거든요. 교수가 된 뒤에도 고난은 계속되었어요. 어렵게 꿈을 이루자, 이번에는 암에 걸리고 만 거예요. 그것도 세 차례에 걸쳐서 말이에요.

그래도 장영희 교수는 좌절하지 않았어요. 한 걸음도 걸을 수 없는 장애와 세 차례의 암 투병 속에서도 늘 희망의 끈을 놓지 않았지요.

"괜찮아! 난 할 수 있어! 모든 걸 극복할 수 있어!"

그리고 세상을 떠나는 순간까지도 미소를 잃지 않으며 희망의 메시지를 세상에 남겼어요.

그녀의 그런 힘은 어디에서 나왔던 걸까요? 그 힘은 바로 어린 시절 골목 친구들로부터 받았던 배려와 격려의 마음이었을 거예요.

여러분도 골목의 친구들처럼 주위 사람들을 배려하고 도울 줄 아는 착한 마음을 가진 친구들이 되길 바랍니다!

놀이터에서 낯선 아이를 만난 날, 다나는 '배려'에 대해 생각하게 됐어요. 다나가 생각하는 배려는 어떤 것인지 들어 보고, 내가 생각하는 배려를 써 보세요.

다나가 생각한 **배려**는
휠체어 탄 친구에게 무궁화꽃 놀이의 술래를 맡기는 거예요.

다나가 생각한 **배려**는
다른 사람을 도와주거나 보살펴 주는 마음이에요.

내가 생각한 **배려**는

예요.

긍정적으로 생각하면 뭐든 할 수 있다고?

웃음과 긍정

다나의 변비 탈출을 도와줄 너무 맛없게 생긴 채소 주스.
생각을 바꾸면 맛이 달라질 거라는
꽁짜 할머니의 말을 듣고 마셔 보니 주스가 정말 맛있어졌어요.
꽁짜 할머니가 무슨 마법이라도 부린 걸까요?

EBS 스쿨랜드
〈웃음의 힘〉

채소 주스를 맛있게 마신 날

다나의 일기

전쟁의 두려움도 잊게 해 주는 웃음과 긍정의 힘

"미군 병사를 포위하라!"

"큰일 났다! 주민들이 우리를 포위했다!"

2003년, 이라크의 한 마을이 공포와 두려움으로 술렁거렸어요. 마을로 들이닥친 미군 부대와 그들을 포위해 버린 마을 주민들 사이에 숨막히는 대치 상황이 벌어지고 있었거든요.

이라크 땅은 당시 미국과 벌어진 '이라크 전쟁'으로 황폐해지고 있었어요. 마을은 포성이 그칠 날이 없었고, 처참하게 불태워지곤 했지요. 그렇다 보니 마을 주민들과 미군 부대는 한 치의 양보도 할 수 없는 상황이었어요.

마을 사람들은 생각했어요.

"우리가 물러서면 미군들이 우리를 모두 죽일 거야!"

미군들도 마찬가지였지요.

"여기서 총을 거두면 마을 사람들이 우리를 모두 죽일 거야!"

그 상황에서 가장 고민스러운 건 미군 부대의 지휘관인 크리스토퍼 휴스 중령이었어요.

'어서 이 마을을 빠져나가야 해. 그러려면 마을 주민들을 향해 총을 쏘아야 하잖아. 하지만 주민들은 죄가 없어. 우리가 자신들을 죽일 거라

고 생각하기 때문에 스스로를 지키려고 총을 든 것뿐이야. 군인들도 아닌데 죽일 순 없어.'

그렇다고 끝도 없이 주민들과 대치할 수도 없는 상황에서 휴스 중령의 고민은 깊어졌지요. 마침 부하 군사도 휴스 중령을 재촉했어요.

"중령님, 어서 명령을 내려 주십시오! 본부에서 내려온 작전을 수행하려면 마을을 벗어나야 합니다. 주민들을 없애고라도 가야 합니다."

결단을 내려야 할 순간이 온 거지요. 중령은 입술을 꼭 깨물었어요. 그러고는 병사들을 향해 외쳤어요.

"모두 앉아 쏴 자세!"

병사들 사이로 꼴깍꼴깍 마른침 넘어가는 소리가 들렸어요.

'주민들에게 총을 쏘려나 봐.'

'곧 발사 명령이 떨어지겠지?'

곧 벌어질 총성과 비극을 생각하며 잔뜩 긴장한 거지요. 그런데 뒤이어 들려온 명령이 이상했어요.

"총구를 땅으로!"

'뭐? 총구를 땅으로 내리라고?'

병사들은 어리둥절한 채 명령을 따랐어요.

'대체 이게 무슨 일이지?'

웃음과 긍정 43

곧바로 이어진 명령은 병사들을 더욱 당황케 했어요.

"모두, 웃어!"

'뭐, 웃으라고?'

병사들은 의아한 표정으로 중령을 쳐다봤어요.

"하하하!"

중령이 웃음을 터트린 건 그때였어요. 아주 유쾌한 일이라도 생긴 듯

중령은 호탕하게 웃어댔어요.

"명령이다! 어서 웃어라!"

이 상황에서 웃음이라니! 병사들은 어처구니가 없었지요. 하지만 명령이니 어쩔 수가 없지 뭐예요.

"하하하!"

"호호호!"

병사들은 어색하게 웃기 시작했어요. 그런데 신기하게도 억지로 웃다 보니 정말 우스운 생각이 들었어요. 자꾸 웃다 보니 마음도 편안해졌지요. 병사들의 웃음소리는 점점 커져 갔어요.

바로 그때 놀라운 일이 생겼어요.

"하하하!"

"호호호!"

주민들도 하나 둘 따라 웃기 시작한 거예요. 마치 웃음 바이러스가 옮겨 간 것처럼 말이에요. 순식간에 마을은 웃음바다가 되어 버렸지요. 웃음은 마을 사람들의 마음에 도사렸던 두려움과 공포도 풀어놔 주었어요. 웃음소리는 병사들의 긴장감도 풀어 주었지요. 총대를 부여잡았던 손목의 힘이 스르르 풀렸어요. 군대를 막아섰던 주민들도 다리의 힘이 사르르 풀렸지요.

중령은 부드러운 목소리로 명령했어요.

"웃음을 멈추지 말고 가던 길 계속 앞으로!"

정말 놀라운 일은 그 순간 벌어졌어요. 미군 병사들이 웃으면서 걸어가자, 마을 주민들도 웃으며 길을 터 주기 시작한 거예요. 웃음이 가져온 놀라운 사건이 아닐 수 없어요.

1988년, 독일의 심리학자 프리츠 스트랙은 아주 재미난 실험을 했어요. '웃음의 힘'을 실제로 밝혀내려는 것이었어요.

스트랙은 실험자들을 모은 뒤, A와 B의 두 집단으로 나누었어요. 그러고는 두 집단에게 모두 만화책을 주었지요.

스트랙은 A 집단 사람들에게는 연필을 이로 물고 만화책을 읽게 했어요. 그리고 B 집단 사람들에게는 연필을 입술로 물고 만화책을 읽게

했지요.

그러자 두 집단 사람들의 표정에 큰 차이가 생겼어요. 이로 연필을 문 A 집단은 웃는 얼굴이 된 반면 입술로 문 B 집단은 무표정한 얼굴이 된 거지요.

그렇게 두 집단 사람들이 만화책을 읽고 나자, 스트랙은 집단별로 무언가를 조사했어요. 그리고 그 결과를 발표했지요.

"만화책을 읽고 나서 두 집단에 물었습니다. '만화책이 재미있었는가?' 라고. 그런데 똑같은 만화책을 읽었지만, 웃는 표정을 짓고 책을 읽은 A 집단이 만화책을 더 재미있게 읽었다는 결과가 나왔습니다."

억지로라도 웃는 표정을 짓고 책을 읽은 집단이 같은 만화책이라도 더

재미있게 느꼈다는 결과였어요. 사실 이런 결과는 과학적으로 보면 당연한 결과예요. 우리의 얼굴은 약 80여 개의 근육으로 이루어져 있는데, 이 중 약 15개의 근육이 웃을 때 사용되지요. 억지로라도 웃는 표정을 지으면 이 근육들이 뇌를 자극해서 '엔돌핀'이란 호르몬을 분비하게 돼요.

엔돌핀은 통증을 잊게 하고, 기분을 좋게 해 주는 호르몬이에요. 억지로라도 웃다 보니 A 집단 사람들의 몸에서 엔돌핀이 분비되었고, 기분이 좋아진 사람들의 마음은 긍정적인 생각으로 가득하게 되었어요. 그 때문에 만화책도 훨씬 재미있게 느끼며 읽을 수 있었던 거예요.

❝ 사람은 행복하기로 마음먹은 만큼 행복하다. -링컨 ❞

웃음의 힘을 보니 이제부터 일부러라도 웃어야 겠지요? 웃음은 건강에도 도움을 준답니다. 우리 몸에는 약 650여 개의 근육이 있는데 손뼉을 치며 크게 웃으면, 231개의 근육이 사용된 다고 해요. 그래서 1분 동안 크게 웃는 것이 에어로빅이나 자전거 타기 를 10분 동안 하는 것과 같은 운동 효과를 가져오지요.

'웃음'과 '긍정'은 같은 의미예요. 웃음이 많다는 건 그만큼 긍정적으로 생각한다는 뜻이니까요. 웃음과 긍정은 아주 큰 힘을 가지고 있지요.

다나가 역겹게만 느꼈던 채소 주스를 맛있게 마신 건 바로 긍정의 힘 이었어요. '내 변비를 고쳐 줄 고마운 주스'라는 긍정적인 생각이 주스 맛을 바꿔 놓은 거지요.

　　　　　　　　　　이라크 주민과 미군의 갈등이 웃음으로 풀린 것도 긍정의 힘이 가져온 결과였어요. 웃음을 통해 양쪽 모두 생각이 바뀐 거예요. '저 사람들은 우리를 죽일 거야!'라고 믿었던 부정적인 생각이, 웃음을 통해 '저 사람들은 우리를 죽이지 않을 거야!'라는 긍정적인 생각으로 바뀐 거지요.

　웃음과 긍정적인 생각은 바이러스와 같다고 해요. 바이러스처럼 널리 퍼져 나간다는 의미예요.

　혹시 긍정 심리학이라는 말을 들어 봤나요? 긍정 심리학은 어떻게 사람들이 행복해지고 긍정적으로 되는지를 연구하는 학문이에요. 긍정 심리학 학자들은 어떻게 하면 행복해질 수 있는지에 대한 물음에 이렇게 대답합니다.

　"언제나 긍정적인 생각으로 세상을 보면 행복한 마음이 생깁니다!"

　여러분, 여러분의 행복은 여러분에게 달려 있답니다. 많이 웃어서 행복한 사람에게는 이 세상이 더욱더 행복하게 보일 거예요.

웃음과 긍정

채소 주스를 맛있게 마신 날, 다나는 '웃음과 긍정'에 대해 생각하게 됐어요. 다나가 생각하는 웃음과 긍정은 어떤 것인지 들어 보고, 내가 생각하는 웃음과 긍정을 써 보세요.

다나가 생각한 **웃음과 긍정**은
맛없는 채소 주스도 맛있게 마시게 하는 힘이에요.

다나가 생각한 **웃음과 긍정**은
할 수 있다고 마음먹게 해 주는 큰 힘이에요.

내가 생각한 **웃음과 긍정**은

예요.

외국인 친구를 보고 피하는 게 어때서?

다나는 축구 시합을 하던 중 실수로 지나가던 아이를 공으로 맞혔어요.
그런데 그 아이는 겉모습이 다나와 다른 외국인이었지요.
무서워 일단 도망을 친 다나.
그런데 다나는 왜 그 아이에게 사과도 하지 않고 피한 걸까요?

편견과 다양성

EBS 스쿨랜드
〈외국에서 온 아이〉

다나의 일기 — 외국인 친구를 보고 도망친 날

"다나 화이팅!"
"다나야! 슛! 슛! 어서!"
"힘내라 다나!"

옆 동네 아이들과의 축구 시합.
1대 1 동점인 상태에서 시합 종료 30초를 남겨 놓고 내가 공을 잡은 거야. 우리 팀을 승리로 이끌어 줄 운명의 마지막 골! 이 공만 제대로 들어간다면 난 우리 동네 영웅이 되는 거지.

아이들이 내지르는 고함 소리가 웅웅 귓가에 울렸어.

좋아! 내 실력을 제대로 보여 주겠어!

단단히 마음을 먹고 두 주먹을 불끈 쥐고는 골대를 향해 힘껏 슛을 날렸어.

그런데 이게 웬일이야. 번개처럼 잘 날아가던 공이 골대 옆으로 빗나가 버리더니

퍽

슈웅

지나가던 아이의 뒤통수로 날아가지 뭐야.

그 아이는 까만 피부에 빠글빠글 곱슬머리, 게다가 덩치는 또 얼마나 큰지, 내 두 배는 되어 보였어.

눈과 마음을 멀게 하는 편견

요셉은 눈에 띄는 아이예요. 길을 걸어도, 운동장을 달려도, 아무 말 하지 않고 가만히 있어도 눈에 띄지요. 그 이유는 단 하나, 다른 사람들과 생김새가 다르기 때문이에요.

"쟤 머리 색이 왜 저래?"

"큰 눈에, 코도 뾰족하고 큰 빽코!"

요셉은 혼혈아예요. 아빠는 한국 사람이고 엄마는 미국 사람이지요. 그렇다고 해서 요셉이 외국 사람인 건 아니에요. 한국에서 태어나서 줄곧 한국에서 자라 온 한국 사람이니까요. 그런데도 사람들은 요셉을 보면 머뭇머뭇 물어요.

"저…… 혹시 한국말 할 줄 아니? 어느 나라에서 왔니?"

한국말을 못할 거라고 생각하는 거지요. 그런 질문을 받으면 요셉은 당당하게 대답해요.

"저 한국에서 태어났어요. 고향이 수원인데요."

그러면 사람들은 호들갑스럽게 반응하지요.

"어머머! 애 좀 봐! 한국말 정말 잘하네. 그런데 외국 사람처럼 생긴 애가 한국말을 너무 잘하니까 진짜 이상하다."

요셉은 한국말을 잘해도 눈에 띄는 거예요. 한국 사람이 한국말 잘하는 건 당연한 건데 말이에요. 그러다 보니 요셉은 늘 혼자였어요. 학교에 간 첫날부터 그랬어요.

"뺑코! 뺑코! 미국으로 돌아가!"

아이들은 동물원의 원숭이를 보듯 요셉을 놀리며 따돌렸어요.

평범한 일도 요셉이 하면 특별한 일이 되곤 했어요. 하루는 엄마가 도시락으로 샌드위치를 싸 주었어요. 그런데 도시락 뚜껑을 열자마자 아이들이 소리쳤어요.

"히야! 저것 좀 봐. 쟤는 먹는 것도 달라!"

요셉의 생활은 늘 이런 식이었어요. 무얼 하든, 어딜 가든 혼혈아라는 꼬리표와 '쟨 우리와 달라.'라는 선입견과 편견이 따라다녔지요.

그러다 보니 요셉에겐 특별한 소원이 생겼어요.

'나도 다른 아이들처럼 평범하게 생겼으면 얼마나 좋을까.'

요셉은 어느 날부터 이상한 습관도 생겼어요. 학교에서 돌아오면 요셉은 일단 온돌방에 엎어져서 잠을 잤어요. 얼굴을 방바닥에 바싹 붙이고서 말이에요.

'이렇게 하면 코가 납작해질 거야. 뜨거운 바닥에 타서 머리카락도 까맣게 변할지 몰라. 어쩌면 눈동자도 까맣게 되지 않을까? 피부도 노랗게 변하면 더 좋을 텐데. 다른 아이들처럼.'

편견과 다양성

하지만 그런 일은 벌어지지 않았어요. 학년이 올라갈수록 요셉의 코는 더 뾰족해졌고, 얼굴도 더 하얘졌지요. 그만큼 아이들의 놀림도 더욱 심해졌어요.

그런데 4학년이 되던 해 여름, 기쁜 일이 생겼어요. 가족 모두가 어머니의 고향인 미국 미시간 주로 여행을 가게 된 거예요. 그곳에 있는 학교에 입학할 기회도 생겼지요. 요셉은 기대에 부풀었어요.

'미국에선 생김새가 비슷하니까 날 놀리는 아이들은 없을 거야.'

미국에서의 학교 생활을 상상하면 가슴이 콩닥콩닥 뛰었어요. 비슷하게 생긴 아이들과 신나게 공부하고 뛰어놀 상상만으로도 행복했지요.

미국행 비행기에 오르던 날, 요셉은 굳게 다짐했어요.

'수업도 열심히 받고, 친구도 많이 사귈 거야.'

이미 영어로 말하는 방법을 배워 둔 터라 자신만만했어요.

미국 학교에서의 첫날, 요셉은 4학년 교실에 배정이 되었어요. 두근두근, 요셉은 무척 설레었어요. 깨끗하고 예쁜 교실, 다양한 시설들! 모든 것이 새로웠거든요. 무엇보다도 요셉을 설레게 한 건 아이들의 생김새였어요.

'와! 모두들 나하고 비슷하게 생겼어.'

안도감이 들었어요. 긴장하고 떨리던 마음이 편안해졌지요. 이젠 다르게 생겼다는 이유만으로 놀림을 당하는 일은 없을 것 같았거든요.

첫 시간은 철자 수업이었어요.

"선생님이 단어를 말하면 너희들이 철자를 말하는 거야. 앞줄부터 시작해 보자!"

순간 요셉은 가슴이 철렁 내려앉았어요. 영어로 이야기를 나누는 건 문제가 없었지만 글자를 쓰는 건 아직 서툴렀거든요.

'하필 왜 철자 수업인 거야. 만약 모르는 단어가 나오면 어떡해! 철자를 못 맞히면 아이들은 날 바보 취급하겠지? 창피를 당할 게 뻔해. 놀림감이 될 게 틀림없어.'

수업은 빠르게 진행되었어요.

"스프링!" 하고 선생님이 말하자, 맨 앞의 아이가 당당히 대답했어요.

"s p r i n g!"

"잘했어. 다음은 '뉴스페이퍼'의 철자를 말해 보렴."

두 번째 아이도 자신만만했지요.

"n e w s p a p e r!"

세 번째 아이, 네 번째 아이……, 요셉의 차례가 점점 가까워지고 있었어요. 요셉의 커다란 눈에서 막 눈물이 터질 것만 같았지요.

마침내 요셉의 순서가 되었어요.

'아, 내 차례야. 어떡해!'

"김요셉! 앞으로 나와 보렴."

선생님은 난데없이 요셉의 이름을 불렀어요.

순간 요셉은 절망했어요.

'나는 앞으로 나와서 대답을 하라는 건가? 세상에! 아이들이 다 보는 앞에서 난 바보가 되는 거야. 이제 난 웃음거리가 되고 말 거야.'

앞으로 걸어나가는 요셉의 발걸음은 천근만근이었지요. 선생님은 교탁 앞에 요셉을 세웠어요. 그러더니 이렇게 말했어요.

"얘들아, 요셉은 한국이라는 나라에서 태어났단다. 그래서 한국말을 아주 잘하지. 요셉아, 선생님 이름은 샤프야. 내 이름을 한국말로 써줄래?"

요셉은 깜짝 놀랐어요. 요셉이 가장 잘하는 한국말로 써 달라니! 그건 누워서 떡 먹기보다 쉬운 일이었지요.

요셉은 냉큼 칠판에 글자를 썼어요.

그러자 아이들 사이에서 환호성이 터져 나왔어요.

"우아! 요셉, 대단하다!"

"요셉, 내 이름도 써 줘! 난 로버트야!"

"나도! 나도! 내 이름도."

요셉은 눈앞에서 벌어지고 있는 일들이 믿기지 않았지요. '철자도 모르는 바보'가 될 줄 알았는데, 오히려 한국말을 잘하는 아이로 친구들에게 환호성을 듣게 되다니요!

그 순간 요셉은 깨달았어요. '다른 나라에서 왔으니까 아이들은 내가 당연히 영어 철자를 잘 모를 거라고 생각하고 있었던 거야. 그래서 선생님도 내가 잘하는 걸 시켜 주신 거고. 내가 잘못 생각하고 있었어. 사람들이 나에게 선입견을 가졌다고 생각했는데, 사실은 나도 잘못된 편견을 가지고 있었던 거야.'

그날 이후 요셉은 당당한 아이가 되었어요. 더 이상 남들의 시선에 슬퍼하거나 외로워하지 않았지요. 그리고 즐겁게 생활하고 열심히 공부해서 자신이 원하던 목사가 되었어요.

대학원에서 공부를 하던 시절, 요셉은 다른 나라에서 미국으로 이민 온 청소년들을 위해 연설할 기회가 있었어요. 그 아이들은 어린 시절의 요셉처럼 많은 편견과 선입견 속에서 상처를 받고 있었지요. 연단에 선 요셉은 그 누구보다 아이들의 아픔과 고통을 잘 알고 있었어요. 요셉은 다정한 목소리로 당당하게 소리쳤어요.

"어린 시절 난 상처투성이 아이였습니다. 하지만 샤프 선생님을 만나고서 깨달았어요. 편견과 선입견은 눈과 마음을 멀게 한다는 걸 말이에요. 용기를 내세요! 편견을 버리고 세상 속으로 당당히 걸어가세요!"

꽁짜 할머니의 인성 특강

"편견은 내가 다른 사람을 사랑하지 못하게 하고, 오만은 다른 사람이 나를 사랑하지 못하게 한다."
— 제인 오스틴의 〈오만과 편견〉 중에서

외국에서 온 아이

겉모습이 나와 다른 사람을 보면 피하고 싶은 마음이 들 때도 있지요? 나와 피부색이 다르고 생김새가 다른 사람을 보면 피하고 싶은 것은 당연한 것일 수 있어요. '저 사람은 나와 달라. 이상한 행동을 할지도 몰라.'라는 생각을 하기 때문이에요. 그것을 바로 편견, 선입견이라고 하지요.

김요셉 목사의 이야기를 통해 다나는 큰 깨달음을 얻었어요. 그래서 외국에서 전학 온 친구에게 용기 내어 다가가 먼저 사과를 했더니, 그 친구는 유창한 한국말로 "괜찮아." 하고 다정하게 말을 건네지 뭐예요! 결국 겉모습만 보고 판단한 다나는 편견을 가지고 있었다는 걸 느꼈어요.

만약 요셉이 샤프 선생님을 만나지 못했다면 어떻게 되었을까요? 요셉은 샤프 선생님 덕분에 편견으로부터 자유로워질 수 있었어요.

우리 사회에는 다양한 편견이 있어요. 인종에 대한 편견은 물론 직업, 장애, 성, 혈액형에 대한 편견까지 넘쳐나지요.

주변을 보면 다문화 가정도 많아지고 있어요. 또 우리나라를 방문한 외국인도 많이 볼 수 있어요. 그만큼 자신과는 다른 생김새, 다른 생각, 다른 문화를 가진 사람을 만날 기회가 많아졌어요.

차이는 '다름'일 뿐이지 '틀린 것'이 아니에요. 편견이나 선입견을 가지는 건 '나와 다르면 틀린 것'이라고 여기는 잘못된 생각의 결과예요. '다름'은 '다양함'을 의미해요. '다름'과 '다양성'을 존중하고 받아들이는 일은 편견이 없는 사회를 만들 수 있는 아름다운 첫 걸음이랍니다.

내가 만드는 인성 사전

외국인 친구를 보고 도망친 날, 다나는 '**편견**'에 대해 생각하게 됐어요.
다나가 생각하는 편견은 어떤 것인지 들어 보고,
내가 생각하는 편견을 써 보세요.

다나가 생각한 **편견**은
겉모습만 보고 무서운 아이일 거라고 판단하고 도망친 거예요.

다나가 생각한 **편견**은
나와 다른 것을 틀린 것이라고 여기는 잘못된 생각의 결과예요.

내가 생각한 **편견**은

예요.

내 강아지가 아닌데 모른 척하면 어때서?

책임감

다나의 학교에 자주 나타나는 강아지 땡칠이.
다나가 예뻐하는 강아지랍니다.
그런데 운동장에 똥을 누었지 뭐예요.
주인 없는 땡칠이의 똥은 누가 치워야 할까요?

EBS 스쿨랜드
〈누군가 하겠지?〉

개똥 위에 넘어진 날

"어? 쟤 또 왔다."

운동장에서 놀고 있는데, 찬우가 소리쳤어.
찬우가 가리키는 쪽을 보니, 땡칠이가 교문을 지나 신나게 달려오고 있었어. 땡칠이는 우리 학교 운동장에 수시로 등장하는 강아지.
누런 털이 복슬복슬, 두 눈은 땡글땡글 아주 귀엽지.

반가운 마음에 땡칠이에게로 달려가는 참이었어.
그런데 운동장 가장자리로 온 땡칠이가 몸을 으스스 떨더니, 수상스런 몸짓을 하는 것이었어.

"땡칠이 똥 싼다!"

곁에 있던 찬우가 소리쳤어.
으아앜! 더럽고 냄새나는 개똥이라니!

난 달려가다 말고 냅다 돌아서 버렸어.

그런데 찬우가 난데없는 소리를 하는 거야.

"똥 안 치워?"
"내가 왜? 난 땡칠이 주인도 아닌데?"
"너 땡칠이 엄청 좋아하잖아. 그럼 네가 할 수도 있는 거지."

난 내 일이 아니라는 듯 고개를 돌려 버렸어. 마침 저만치 버려진 신문지가 있기에 신문지를 던져 더러운 똥을 덮어 버렸지.

누군가 치우겠지 뭐.

그런데 쉬는 시간에 별명을 불러 대며 달아나는 찬우를 쫓아서 운동장으로 달려 나갔다가 문제가 생겨 버렸지 뭐야.

고함을 내지르며 찬우를 쫓다가 그만 넘어지고 만 거야. 그런데 하필 그곳이 땡칠이의 똥을 덮어 둔 신문지 위라니.

찬우도 당황한 듯 안타까운 표정으로 말했어.

거봐! 아까 치웠으면 이런 일은 없었을 거 아냐.

맞는 말이야. 내가 책임지고 땡칠이 똥을 치웠다면 이런 일은 없었을 거야.

하지만 왜 내가?

난 땡칠이 주인이 아닌데.

게다가 운동장엔 나 말고도 많은 사람이 있는데 말이야.

곤경에 빠진 사람도 구해내는 책임감

100년 전, 독일의 심리학자인 맥시밀리언 링겔만은 특별한 실험을 했어요. 링겔만은 넓은 운동장 가운데에 긴 줄을 하나 두었어요. 줄다리기 실험을 하려는 것이었지요.

"사람들은 집단에 속했을 때 어떻게 행동할까? 개인적으로 행동할 때와는 분명 다를 거야. 어떻게 달라지는지 실험으로 밝혀 봐야겠어."

그 실험을 바로 오늘 하게 된 거예요. 줄다리기 실험 방법은 아주 간단해요. 두 팀으로 나뉜 사람들이 줄다리기를 하게 되는데, 그때 사람들 각자가 내는 힘을 알아보는 거예요.

실험을 하기에 앞서 링겔만은 실험에 참가하는 사람들 개개인의 힘부터 조사를 했어요. 일대일로 줄다리기를 할 때 개개인이 내는 힘을 조사하고, 그것을 '100'으로 잡았지요.

줄다리기 실험 소식을 들은 사람들 중엔 어처구니없어하는 사람들이 많았어요.

"혼자서 할 때 힘이 100이 었으니까 둘이 하면 200이고, 열 명이 하면 1000이 되겠지. 그건 너무 당연한 거 아냐?"

결과가 불을 보듯 뻔하다고 생각한 거예요.

드디어 실험이 시작되었어요. 두 팀으로 나눠진 참가자들은 기다란 줄을 두고서 줄다리기를 시작했지요. 그 순간 링겔만은 각자가 내는 힘을 측정했고요.

"영차! 영차!"

참가자들은 온힘을 다해 줄을 당기는 듯 보였어요. 실험을 지켜보는 사람들도 당연히 모든 참가자가 각자 100만큼의 힘을 발휘했을 거라고 예측했지요.

그리고 잠시 뒤 실험이 끝났어요.

"이번 실험을 위해 저는 여러 번의 줄다리기 실험을 반복했습니다. 맨 처음 실험은 두 명을 한 팀으로 하는 줄다리기 실험이었어요. 혼자 내는 힘을 100이라고 했을 때 두 명이 참가하면 얼마의 힘이 나올까요?"

"그거야 당연히 100 더하기 100이니까 200이겠지요."

그런데 전혀 뜻밖의 결과가 나왔어요.

"두 명이 참가했을 때 참가자들은 각자 93의 힘밖에 쓰지 않았습니다. 세 명일 경우 85가 되더군요. 참가하는 사람이 많아질수록 혼자 내는 힘은 점점 약해졌는데, 심지어 여덟 명일 때는 49가 되었습니다."

링겔만의 결과로 보면 참가자가 여덟 명일 때는 한 명일 때와 비교해 고작 절반 정도의 힘밖에 내지 않았다는 거였어요. 놀라운 결과였지요.

그 이유를 링겔만은 '방관자 효과'로 설명했어요. 방관자 효과란 주위에 사람들이 많을수록 사람들은 방관자가 된다는 이론이에요. 즉 사람이 많으면 어려움에 처한 사람을 봐도 돕지 않고 대부분의 사람들이 구경꾼처럼 방관하게 되는 현상을 말하지요. '누군가 하겠지. 꼭 내가 해야 할 필요는 없어.'라는 생각이 밑에 깔려 있는 것이지요.

미국의 심리학자인 로버트 치알디니도 비슷한 실험에 도전을 했어요. 치알디니의 실험은 해변가에서 이루어졌어요.

1. 해변에서 한 청년이 카세트로 음악을 듣는다. 주변 사람들이 그 카세트가 청년의 것임을 알 수 있게 하는 것이다.
2. 잠시 뒤, 청년은 수영을 하러 바닷물로 뛰어들고 카세트는 자리에 남겨 둔다.
3. 어떤 이가 나타나 청년의 카세트와 옷가지를 슬그머니 훔쳐 달아난다. 이때 주위 사람들이 어떻게 행동하는지 관찰한다.

해변 실험 1

사실 실험을 하기 전, 사람들은 결과를 긍정적으로 예측했어요.

"카세트와 옷가지가 청년의 것이란 걸 주위 사람들은 알잖아. 당연히 도둑을 잡겠지."

"한두 사람은 모른 척해도 대부분 나서서 도둑을 저지할 거야."

그런데 이번에도 실험 결과는 예측을 빗나가고 말았어요.

치알디니는 무려 실험을 20회나 반복했는데, 그 과정에서 단 네 명만이 도둑을 잡으려고 시도했거든요. 대부분의 사람들이 도둑을 보고도 모른 척했는데, 그들은 모두 '내가 아니라도 누군가 도둑을 잡겠지.'라는 생각으로 방관자가 되어 책임을 지려고 하지 않았던 거예요.

치알디니는 고민에 빠졌어요.

"사람들에게 책임감을 심어 주면 어떨까? 결과가 바뀌지 않을까?"

결국 치알디니는 똑같은 상황에서 한 가지 조건만 바꾸어 새로운 실험을 했지요.

> 1. 해변에서 한 청년이 카세트로 음악을 듣는다. 주변 사람들이 그 카세트가 청년의 것임을 알 수 있게 하는 것이다.
> 2. 잠시 뒤, 청년은 수영을 하러 바닷물로 뛰어든다. 단 바다로 가기 전에 옆에 있는 사람에게 직접 부탁한다. "제 카세트 좀 봐 주십시오."라고.
> 3. 어떤 이가 나타나 청년의 카세트와 옷가지를 슬그머니 훔쳐 달아난다. 이때 주위 사람들이 어떻게 행동하는지 관찰한다.

해변 실험 2

"제 카세트 좀 봐 주십시오."라는 부탁을 통해, 주위 사람에게 책임감을 심어 준 거예요.

그런데 청년의 부탁 한마디가 가져온 결과는 놀라웠어요. 실험은 이번에도 20회에 걸쳐 진행되었는데, 부탁을 받은 20명 중에 19명이 도둑을 잡으려고 적극적으로 나선 거예요.

치알디니의 실험은 '책임감'이라는 것이 얼마나 많은 것을 바꿀 수 있는가를 보여 준 실험이에요.

실제로도 책임감은 큰일을 해내곤 해요.

몇 년 전, 우리나라 지하철역에서 벌어진 일이에요. 그 역은 스크린 도어가 없었는데, 마침 퇴근 시간이라 지하철 승강장은 사람들로 북적였지요. 지하철을 타려는 사람들은 급한 마음에 조금씩 앞으로 쏠리고 있었어요.

"띠리리리리……."

곧 지하철이 들어올 거라는 경적음이 울릴 때였어요.

"어이쿠!"

비명 소리와 함께 할아버지가 아래로 떨어지고 말았어요. 사람들에 밀려 발을 헛디디고 만 거예요. 순간 역 안은 소란해졌어요.

"어떡해!"

"할아버지, 어서 올라오세요!"

지하철이 곧 들이닥칠 위기에서 사람들은 발을 동동 굴렸지요.

그런데 할아버지는 꼼짝할 수가 없었어요. 떨어지면서 다리를 다쳐서 혼자 힘으로는 일어날 수가 없었거든요.

하지만 그 누구도 선뜻 선로로 뛰어들지 못했어요. 자칫 그 순간 지하철이 들어온다면 큰 봉변을 당할 테니까요. 사람들은 주위 사람만 곁눈질로 쳐다보고 있었어요. 그 눈들은 이렇게 말하고 있었지요. '누군가

뛰어들지 않을까?', '이 위

험할 일을 난 할 수 없어. 하지만 누

군가 나서겠지.'

그러는 사이 다시 경적음이 울렸어요. 지하철이 아주 가까이 온 거예요.

그때였어요. 청년 한 명이 선로로 뛰어들었어요.

"할아버지! 어서 일어나세요!"

청년은 할아버지를 부축해서 일으켜 세웠어요. 하지만 청년 혼자서는 다친 할아버지를 들어 올릴 수가 없었지요.

놀라운 일이 벌어진 건 그 순간이었어요.

"제가 도울게요!"

"제가 할게요!"

여기저기서 사람들이 선로로 뛰어들어 할아버지를 부축한 거예요. 여러 명의 사람들이 힘을 모으자 할아버지를 금세 안전한 곳으로 들어 올릴 수 있었어요. 그리고 그 사람들도 황급히 몸을 피할 수 있었어요. 지켜보던 사람들이 너도나도 손을 내밀었기 때문이에요.

그 순간 승강장은 환호 소리와 박수 소리로 넘쳐나고 있었어요.

"책임을 지고 일하는 사람은 어느 곳에서나 두각을 나타낸다." —데일 카네기

주변의 일에 무관심한 사람만 있다면 어떨까요?

다나는 누군가 하겠지 하고 모른 척한 자신을 반성했어요.

'땡칠이를 예뻐하는 나도 땡칠이 주인이나 마찬가지야.'

이렇게 생각이 바뀐 뒤로 다나의 행동은 완전히 달라졌지요. 땡칠이가 운동장에 나타나면 땡칠이의 뒤를 졸졸 따라다닌다지 뭐예요.

"땡칠아, 네 똥은 내가 치울게. 그러니까 맘 놓고 똥을 누렴."

다나가 땡칠이에 대해 주인 의식을 갖게 된 거지요. 그리고 학교 운동장 역시 '나와 친구들이 뛰어노는 나의 공간'이라고 생각해서 떨어진 휴지 하나도 그냥 지나치지 않는 다나가 되었지요.

이렇듯 무엇에 대해 주인이라는 생각을 가지는 걸 '주인 의식'이라고

해요. 진정한 주인은 소유한 것을 소중하게 생각하고 잘 관리합니다. 책임감 있는 행동은 주인 의식에서 비롯되지요.

최근에는 개인적인 경우만이 아니라, 사회 구성원으로서 가져야 하는 주인 의식과 책임감이 강조되고 있어요. 사회에는 그 사회 구성원으로서 마땅히 해야 할 책임이라는 게 있는데, 그것을 사회적인 책임감, 사회적인 주인 의식이라고 하지요. 사회적인 책임감은 큰 힘을 발휘해요. 소중한 생명을 구해낼 수도 있고, 더러운 거리를 깨끗한 거리로 바꿀 수도 있지요. 흉악한 범죄를 막을 수도 있어요.

힘이란 모일수록 커지는 법이에요. 상상하지 못한 큰 힘을 발휘할 수도 있지요. 이것을 시너지 효과라고 해요. '에너지를 함께 붙이면 그 효과가 높아진다.'는 뜻이에요. 방관자 효과와는 반대의 의미이지요. 원래 힘이란 1+1=2가 되는 것이 보통이지만, 시너지 효과를 발휘하면 3, 5, 10 이상의 더 큰 효과도 낼 수 있다는 거예요.

개똥 위에 넘어진 날, 다나는 '**책임감**'에 대해 생각하게 됐어요.
다나가 생각하는 책임감은 어떤 것인지 들어 보고,
내가 생각하는 책임감을 써 보세요.

다나가 생각한 **책임감**은
자신이 예뻐하는 강아지의 똥을 치우는 거예요.

다나가 생각한 **책임감**은
내 일이라고 생각하는 주인 의식을 갖는 거예요.

내가 생각한 **책임감**은

예요.

아무도 모르는데 그냥 넘어가면 어때서?

정직

다나가 청소를 하다가 화분을 깼어요.
그런데 억울하게 찬우가 누명을 쓰게 되었네요.
자신이 혼나는 것도 싫고, 찬우한테도 미안한 다나는
어떤 결정을 해야 할까요?

EBS 스쿨랜드
〈다나의 선택〉

다나의 일기 화분을 깬 날

이번 주는 내가 주번. 며칠째 청소를 하려니 너무 지겹지 뭐야.

그래서 좀 재미있게 해 보려고 마녀가 된 양 소리를 쳤어.

빗자루야, 빗자루야! 마법의 빗자루로 변해라! 얍!

쿵!

엄마야! 어떡해!

불행한 일이 벌어진 건 바로 그때였어. 내가 휘두른 빗자루에 맞아 화분이 깨져 버렸지 뭐야.

툭

선생님께 혼날 생각에 이마에서 진땀이 줄줄 흘렀어.

그래도 정신을 차리고 깨진 조각을 화분에 맞춰 봤어.

오호~ 감쪽같이 딱 맞잖아! 이대로 두면 화분이 깨진 줄은 모를 거야.

그런데 찬우가 물뿌리개를 들고 오더니 그 화분에 물을 주지 뭐야.

화분이 말랐네. 물 좀 줘야겠다.

우승보다 값진 정직

"올해는 내가 우승자가 되고 말 거야!"

1983년 여름, '스크립스 내셔널 스펠링비(Scripps National Spelling Bee)'를 앞두고, 두 주먹을 불끈 쥐며 각오를 다지는 소년이 있었어요. 미국의 13세 소년 앤드류예요.

이 대회는 해마다 미국에서 열리는 세계 최대 규모의 영어 철자 말하기 대회예요. 전 세계 어린이들이 이 대회에서 우승하는 일을 꿈꾸지요.

대회 안내문을 본 앤드류는 기대에 부풀었어요.

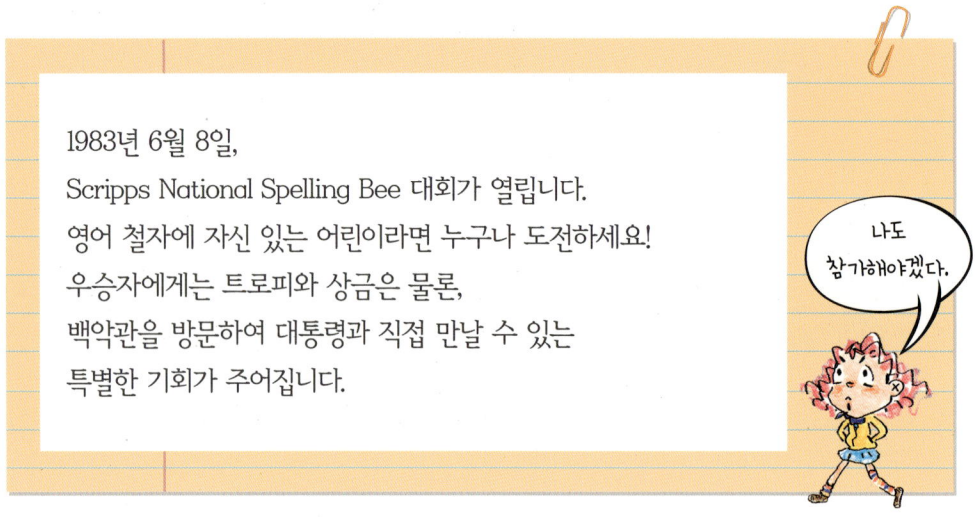

1983년 6월 8일,
Scripps National Spelling Bee 대회가 열립니다.
영어 철자에 자신 있는 어린이라면 누구나 도전하세요!
우승자에게는 트로피와 상금은 물론,
백악관을 방문하여 대통령과 직접 만날 수 있는
특별한 기회가 주어집니다.

"와! 대통령을 만날 수 있다고? 정말 멋진 일이야. 꼭 우승해서 세계적인 스타가 될 거야."

앤드류는 결심을 굳힌 그날부터 밤낮으로 공부에 몰두했어요. 밥을 먹을 때도, 화장실에서 볼일을 볼 때도, 길을 걸을 때는 물론 꿈에서조차 철자를 외우고 또 외웠지요.

그 결과 어려운 관문을 하나하나 통과하며 결승 진출이라는 쾌거를 이루어 냈어요.

결승전의 열기는 대단했어요. 결승전에서 이기면 어마어마한 상금과 트로피, 게다가 대통령까지 만날 수 있는 특별한 이벤트의 주인공이 될 수 있으니까요.

마지막 경쟁자와 앤드류의 치열한 승부가 시작되었어요. 한 치의 양보도 없는 숨 막히는 순간순간이 이어졌어요. 앤드류는 주먹을 그러쥐며 문제에 집중했어요.

그리고 마침내 결승 진출자의 운명을 결정할 마지막 문제가 출제되었어요.

"에코렐리어!"

'에코렐리어! 남의 말을 그대로 흉내 내는 행동을 뜻하는 단어야. 지난번에 외웠던 거야.'

앤드류는 거침없이 철자를 말했어요.

"echolelia!"

딩, 동, 댕!
 합격의 벨 소리가 요란스럽게 울렸어요. 대회장은 환호성과 폭죽 소리로 가득 찼지요.
 앤드류는 감격했어요.
 "내가 우승했어! 정말 내가 해냈어!"
 어마어마한 상금과 트로피, 그리고 대통령과 만나는 특별한 이벤트의

주인공이 된 거예요. 모두가 부러워하는 전 세계 어린이들의 스타가 된 거예요.

"여러분, 이것으로 대회를 마칩니다. 수상식을 하기 전 휴식 시간을 갖겠습니다. 편안하게 기다려 주시기 바랍니다."

안내 방송이 대회장 안을 울렸어요. 앤드류도 잠시 휴게실에서 흥분되는 마음을 가라앉혔지요. 그런데 문득 앤드류의 얼굴이 어두워졌어요.

'내가 아까 뭐라고 했었지? 분명히 e c h o l e l i a 이렇게 답했어.'

순간 앤드류는 가슴이 철렁 무너졌어요.

"e c h o l 'e' l i a가 아냐. e c h o l 'a' l i a가 맞아. 내가 틀린 거야."

요란한 분위기 속에서 대회가 진행되다 보니, 머릿속에 떠오른 단어와 달리 앤드류가 엉뚱한 철자를 말한 거예요. 심사 위원도 착각을 한 게 틀림없었어요.

앤드류는 혼란스러웠어요.

'아무도 모르잖아. 나만 모른 척하면 우승자가 될 수 있어. 상금도 타고 대통령도 만날 수 있는 거야.'

'하지만 그건 옳지 않은 일이잖아. 난 틀렸다는 걸 알고 있잖아.'

두 마음이 치열하게 싸움을 했어요.

'모른 척해!'

'안 돼! 정직하게 고백해!'

그 순간 앤드류의 마음으로 들려오는 목소리가 있었어요. 엄마가 늘 앤드류에게 하는 말이었지요.

"앤드류! 옳은 일을 하는 건 힘들 때가 많아. 그래서 옳은 일을 할 때는 용기가 필요한 법이란다. 그래도 그 일을 해야 해. 그게 진정한 용기거든."

앤드류는 깨달았어요. 지금이 바로 그 용기를 내야 하는 때라는 걸 말이에요.

앤드류는 주저하지 않고 심사 위원이 있는 곳으로 향했어요. 그리고 당당하게 고백을 했어요.

"제가 틀렸어요. 제가 답한 철자는 정답이 아니에요. 그러니까 전 우승자가 아니에요."

> 거짓말을 하다가 들킨 사람은 진실을 말해도 아무도 믿어 주지 않는다. - 스페인 속담

자신의 이로움을 위해 거짓말을 한 적 있나요?

다나는 거짓말과 정직 사이에서 갈등하다가 결국 자신이 화분을 깼다고 고백을 했어요. 그리고 찬우에게 미안하다고 사과도 했지요. 물론 모른 척 넘어갈 수도 있는 일이었어요. 고백하지 않으면 아무도 모를 테니까요.

정직하게 고백하는 일은 누구에게나 힘든 일이에요. 만약 앤드류가 진실을 이야기하지 않았다면 어떻게 되었을까요?

'영원한 비밀은 없다.'라는 말이 있어요. 지금 당장은 숨길 수 있더라도 시간이 지나면 반드시 진실이 밝혀진다는 의미예요.

앤드류 사건도 마찬가지였을 거예요. 심사 위원들은 곧 실수를 알아챘을 테고, 방청객들 사이에서도 '잘못된 결과'를 말하는 사람들이 나왔을 게 분

명하지요. 하지만 앤드류는 그런 일이 있기 전에 스스로 나서서 진실을 밝힌 거예요.

물론 아무도 앤드류의 실수를 알아채지 못하고 지나갈 수도 있어요. 진실을 숨기고 평생 떳떳하지 못한 채로 살아갈 것인지, 실수를 인정하고 용기 있는 선택을 할 것인지는 앤드류가 결정할 일이지요.

앤드류는 정직하게 고백을 했고, 그 결과 뜻밖의 일들이 벌어졌답니다. 다음 날 각종 신문과 잡지에는 앤드류와 심사 위원들의 실수에 대한 기사가 실렸어요. '철자는 틀렸어도 대회에서는 진정한 영웅'이라는 제목으로 말이에요. 정직한 선택을 한 앤드류를 칭찬하는 기사였지요.

사람들은 누구나 '옳고 그른 것'을 판단하는 능력을 가지고 있어요. 그래서 누구나 자신의 행동이 옳은 것인지, 그른 것인지를 판단할 수 있지요. 하지만 자신의 실수를 인정하고 잘못했다고 밝히는 것은 용기 있는 사람만이 할 수 있는 것이에요.

화분을 깬 날, 다나는 '정직'에 대해 생각하게 됐어요.
다나가 생각하는 정직은 어떤 것인지 들어 보고,
내가 생각하는 정직을 써 보세요.

다나가 생각한 **정직**은
자신이 화분을 깼다고 솔직하게 고백하는 거예요.

다나가 생각한 **정직**은
자신의 실수를 인정하고 밝히는 거예요.

내가 생각한 **정직**은

예요.

나쁜 아이들을 잡는 데 모르는 척하면 어때서?

학교에 나쁜 아이들을 잡으러 경찰 아저씨들이 왔어요.
다나도 본 적이 있는 아이가 경찰과 함께 있었어요.
다나의 증언이 그 아이를 잡는 데 도움이 될 텐데요.
과연 다나는 증인으로 나설 수 있을까요?

용기

EBS 스쿨랜드
〈용기 있는 선택〉

경찰 아저씨가 찾아온 날

운동장 가운데에 아이들이 웅성웅성 모여 있었어.
재미난 구경이라면 내가 절대 빠질 수 없지.

그런데 구경거리는커녕, 심각한 표정의 경찰 아저씨들만 보이지 뭐야.
경찰 아저씨들은 한 남자애를 붙잡고 있었어. 그런데 그 애, 어딘가 낯이 익었어.

너희들 혹시 얘가 어제 다른 아이들 돈 빼앗는 거 본 적 있니?

웅성거리는 아이들에게 경찰 아저씨가 물었어.

순간 난 가슴이 철렁 내려앉았어.
그 아이에 대한 기억이 떠올랐거든.
어제 하굣길이었어. 으슥한 골목길을 지나는데
함께 가던 찬우가 옆구리를 꾹꾹 찌르며 말했어.

저, 저기 좀 봐.

어디? 어디? 뭔데?

찬우가 가리키는 곳을 보니 키 작은 아이 하나가
덩치 큰 아이들에게 둘러싸여 괴롭힘을 당하고 있었어.

난 찬우의 팔을 잡아끌었어. 덩치 큰 아이들은 인상도 험악했거든. 괜스레 끼어들었다가 큰일을 당할까 봐 겁이 났어.

그런데 지금 경찰 아저씨 옆에 있는 아이는 그 중 한 명이 확실했어.

난 그럴 수 없었어. 그 애가 나를 노려보는 것 같았거든.

그 순간 하필 경찰 아저씨가 나를 가리키며 말했어.

난 선뜻 대답할 수 없었어. 봤다고 말하고 싶지만, 그랬다가 보복이라도 당하면 어떡해?

인종 차별에 맞서 싸운 로자 파크스의 용기

재미난 상상을 시작해 봐요. 여러분은 지금 한 실험에 참가한 상태랍니다.

전혀 모르는 여섯 명의 사람들과 함께 작은 방에 들어왔고, 여러분의 번호는 7번이에요.

이제 한 연구원이 방에 들어와 여러분을 포함한 일곱 명에게 카드 한 장을 보여줘요. 그리고 이렇게 질문을 하지요.

"1과 길이가 같은 것은 A, B, C 중 어느 것입니까?"

1번 사람은 C라고 답해요. 2번 사람도 C라고 답하지요. 3번과 4번은 물론 5번, 6번까지 똑같이 C라고 대답을 해요.

자, 여러분의 답은 무엇인가요?

여러분은 분명히 고민에 빠졌을 거예요.

'이상하다? 내 눈에는 A가 답인데. 왜 모두 C라고 할까? 혹시 C가 답인데 내가 잘못 본 걸까?'

하지만 다시 봐도 A가 맞지요. 이제 여러분은 선택을 해야 해요.

'내가 정답이라고 생각하는 대로 A라고 할까? 아니야! 그럼 나만 바보가 되지 않을까? 남들처럼 C라고 말하는 게 안전하겠지?'

여러분은 선뜻 선택을 할 수가 없을 거예요. A라고 말하는 일은 상당한 용기를 필요로 하니까요. 정답이라고 믿는 걸 말할 용기, 모두가 정답이라고 한 걸 아니라고 할 수 있는 용기, 이상하게 바라볼 남들의 시선에 당당히 맞설 수 있는 용기 말이에요.

그래서일까요? 이 실험에서 대부분의 사람들은 이렇게 대답을 했다고 해요.

"C입니다."

그렇다면 정답은 무엇일까요? 정말 C가 정답일까요? 내 눈에만 이상하게 보였던 걸까요?

이 실험엔 재미난 비밀이 숨겨져 있어요.

이 실험은 1951년에 심리학자 솔로몬 애시가 실제로 진행한 실험이에요. 그는 이 실험을 위해 연구진 여섯 명을 투입했어요.

"여러분은 지금부터 가짜 실험자로 참여를 하게 됩니다. 진짜 실험자는 7번을 받는 한 사람뿐이지요. 여러분에게 1번에서 6번까지의 번호가 주어집니다. 그리고 실험자 7번과 똑같은 공간에서 똑같은 질문을 받게 될 거예요. 그때 모두가 'C입니다.'라고 대답하시면 됩니다."

그랬어요. 1번부터 6번까지의 실험자는 의도적으로 틀린 답을 말했던 거지요.

이 실험은 '집단 속에서 자신만이 옳다고 믿는 것이 생겼을 때, 과연 소신 있게 대답할 수 있는 용기가 있을까?'를 알아본 것이었어요.

그런데 그 결과는 충격적이었지요. 솔로몬 애시는 이 실험을 50번이나 거듭했는데, 50명의 참가 중 무려 37명이 C라고 대답을 한 거예요. 대부분의 사람들이 뻔히 보이는 거짓 앞에서도 용기를 내지 못한 거랍니다. 솔로몬 애시는 실험의 결과를 이렇게 설명했어요.

"대부분의 사람은 본인의 답이 확실한 정답이라 하더라도 다수의 의

견에 휩쓸려 오답을 이야기하게 된다는 사실이 이 실험을 통해 밝혀진 겁니다."

집단의 압력에도 굴하지 않고 용기 있게 나서는 것이 얼마나 어려운 일인가를 증명해 준 거예요.

그런데 여기, 용기 있게 나선 한 사람이 있었어요. 바로 로자 파크스라는 흑인 여성이에요.

미국에서는 특별한 선언문 하나가 발표되었어요.

"미국의 대통령인 나 에이브러햄 링컨은, 1863년 1월 1일을 기해 노예로 있는 모든 사람이 영원히 자유의 몸이 될 것임을 선포한다!"

백인들의 노예로 묶여 살던 흑인들을 해방시키는 '노예 해방 선언문'이었어요.

"해방이다! 해방! 우리는 이제 더 이상 노예가 아니다!"

흑인들은 환호했어요. 그동안 흑인들은 차별과 폭력에 시달리는 고통스런 삶을 살아왔거든요.

"우리도 이젠 백인들과 똑같은 자유를 누릴 수 있어."

"평등하게 대우받고 존중받게 되겠지?"

흑인들은 기대에 부풀었지요. 하지만 그들의 기대는 곧 실망으로 내려

앉고 말았어요.

"더러운 흑인들!"

"너희들은 절대 백인과 같을 수 없어!"

여전히 혹독한 인종 차별이 계속되었던 거예요. 흑인은 백인의 학교에 갈 수 없고, 같은 지역에 살 수도 없었어요. 음식점도 백인과 흑인 전용이 따로 있었지요.

흑인은 버스를 탈 때도 차별을 받았어요. 버스 안에는 '유색 인종 좌석'이 따로 있었고, 백인이 아닌 사람은 그 자리에만 앉을 수 있었어요.

그런데 1955년 12월 1일, 한 버스 안에서 소동이 벌어졌어요. 로자 파크스라는 흑인 여자와 백인들 사이에 실랑이가 벌어진 거예요.

그날 로자 파크스는 일을 마치고 집으로 돌아가기 위해 버스에 올랐어요. 로자 파크스는 언제나 그랬듯 유색 인종 좌석에 앉았지요. 그런데 시간이 지나면서 백인 좌석이 모두 차고, 서 있는 백인들이 생긴 게 문제였어요.

운전기사는 버스를 세웠어요. 그러고는 험악한 소리로 명령을 했어요.

"흑인들은 일어나시오! 백인들이 서 있지 않소! 백인들에게 자리를 내주시오!"

앉아 있던 흑인들은 기가 막혔지요.

'유색 인종 좌석과 백인 좌석을 따로 만든 건 백인들이야. 그런데 이제 그것조차 내놓으라고? 단지 흑인이라는 이유만으로?'

억울하고 울화가 치밀었어요. 하지만 어쩔 수 없는 일이었어요. 백인 말에 대거리라도 했다가는 큰 봉변을 당하기 십상이니까요. "이건 옳지 않아요!"라고 말할 용기가 나지 않았던 거예요.

결국 세 사람의 흑인은 아무 말 없이 자리를 내놓고 뒤로 가서 섰어요. 로자 파크스만 제외하고 말이에요. 로자 파크스는 꼼짝하지 않았어요.

"당신은 왜 안 일어나는 거요?"

백인들이 어처구니가 없다는 듯 말했지요. 그러자 로자 파크스는 당당히 대답했어요.

"일어나야 할 이유가 없다고 생각해요. 여긴 유색 인종 좌석이니까요."

로자 파크스의 말과 행동은 단호했어요. '여기서 더 물러날 순 없어. 더 이상 차별을 참을 수만은 없어!' 그녀의 눈빛은 이렇게 말하고 있었던 거지요. 백인들 위주로만 만들어진 법과 제도, 시퍼렇게 날을 세우고 바라보는 백인들, 그 가운데서 벌어진 그녀의 행동은 보통 용기로는 할 수 없는 일이었어요.

결국 그녀는 경찰에 체포되고 말았어요. 단지 백인에게 자리를 양보하지 않았다는 이유였지요.

"그러게, 왜 그런 무모한 행동을 해. 쯧쯧!"

"필요 없는 용기로 철창 신세만 지게 됐잖아. 어리석긴!"

그녀를 비웃고 손가락질하는 사람들도 많았어요.

하지만 로자 파크스의 용기는 결코 무모한 행동이 아니었어요. 어리석은 용기도 아니었지요. 이 사건을 계기로 흑인들 사이에 뜻깊은 움직임이 벌어졌거든요.

"로자가 맞아! 우리가 왜 이런 차별을 받아야 하지?"

"그래! 잘못은 버스 기사와 백인들이 한 거야. 이런 차별이 있는 한 우리는 버스를 탈 수 없어! 버스 승차 거부로 우리의 의지를 보여 주자!"

흑인들 사이에서 '버스 승차 거부 운동'이 일어났어요. 게다가 로자 파크스의 용기 있는 행동은 '버스 승차 거부 운동'으로만 끝나지 않았어요. 미국 사회에 깊은 생각을 던져 주는 계기가 되었거든요.

"유색 인종을 차별하는 건 아주 잘못된 생각이야."

"맞아! 사람은 누구나 평등하잖아. 이런 제도나 행동은 옳지 않아."

이런 생각들은 계속 자라나게 되었고, 그 결과 '유색 인종 좌석'과 같은 인종 분리법을 폐지하는 결과를 가져오게 되었지요. 이 모든 것이 로자 파크스의 용기 있는 행동이 가져온 결과였어요.

사실 로자 파크스도 다른 흑인들처럼 행동할 수 있었어요. 그랬다면 경찰에 체포되는 고충을 겪진 않았을 거예요. 하지만 그녀는 그들과 달리 용기 있게 행동했고, 그 용기는 많은 것을 바꾸는 계기가 되었어요. 그 때문에 로자 파크스의 이야기는 '용기 있는 행동'의 중요한 본보기가 되고 있어요. 사람들은 로자의 이야기를 듣고 말하지요.

"로자 파크스를 통해, 집단의 압력에도 굴하지 않고 용기 있게 나서는 한 명이 세상을 얼마나 아름답게 바꿀 수 있는지를 깨달았어요."

" 두려움이 없는 것이 용기가 아니다.
그 두려움을 이기는 것이 용기이다. - 넬슨 만델라 "

여러분, 아닌 것을 아니라고 말할 수 있게 용기를 내 봐요.

다나는 로자 파크스의 이야기를 통해 큰 용기를 얻었어요. 그래서 경찰에 연락해 전날 자기가 보았던 것들을 증언했답니다. 나쁜 아이들을 모두 잡아 줄 것을 부탁하면서 말이에요.

힘이 센 사람들이 약한 사람들을 괴롭히는 것은 정말 나쁜 일이에요. 하지만 이런 일은 심심치 않게 일어나고 있어요.

이런 일이 다시는 일어나지 않게 할 수 있는 방법은 없을까요?

물론 있어요. 힘이 약한 사람들도 용기를 내고 힘을 합하면 옳지 않게

　　　　　　　　　　벌어지는 폭력을 막을 수 있을 거예요.
　옛날에는 미국뿐 아니라 세계 곳곳에서 수많은 차별과 불평등이 아무렇지도 않게 행해졌어요. 미국에서는 모든 유색 인종들에 대한 차별이 아주 심했지요. 그들은 백인과 같은 학교를 다닐 수도 없었어요. 1954년이 되어서야 비로소 미국 대법원에서는 백인 학생들과 유색 인종 학생들이 같은 학교에 다닐 수 있다는 판결이 내려졌답니다.
　세계 곳곳에서 여성에 대한 차별도 심했어요. 그 때문에 여성들은 투표조차 하지 못했지요. 민주주의가 발전했다는 미국과 영국에서도 여성들이 투표를 하기 시작한 역사는 불과 100여 년에 불과해요.
　세상이 지금처럼 발전한 데에는 많은 역경과 도전이 필요했어요. 그 과정에는 수많은 용기 있는 사람들이 있었지요. 그들이 잘못된 것을 지적하고 그것을 고치기 위해 노력을 기울였기 때문에 가능한 일이었어요.
　세상이 지금보다 더 정의롭고 평화롭기를 바란다면 모두가 침묵할 때라도 용기를 내서 말하세요.
　"저것은 잘못된 일이에요! 바꿔야 해요!"라고 말이에요.

경찰 아저씨가 찾아온 날, 다나는 '용기'에 대해 생각하게 됐어요.
다나가 생각하는 용기는 어떤 것인지 들어 보고,
내가 생각하는 용기를 써 보세요.

다나가 생각한 용기는
나쁜 아이들의 보복을 겁내지 않고 신고하는 거예요.

다나가 생각한 용기는
옳지 않은 것을 옳지 않다고 말할 수 있는 거예요.

내가 생각한 용기는

예요.

주인 없는 돈을 갖는 게 어때서?

양심

다나는 길에 떨어진 돈을 주웠어요.
어차피 누군가는 주울 돈이니
자신이 가지는 게 낫겠다고 생각했죠.
그런데 다나의 마음이 왜 이렇게 무거운 걸까요?

EBS 스쿨랜드
〈길에서 돈을 주웠어요〉

 # 다나의 일기 주인 없는 돈을 주운 날

수업이 끝나고 집에 가는 길이 어쩌면 이리도 즐겁지가 않은지…….

쳇! 다른 애들은 피자 사 먹으러 가는데, 난 돈이 없어서 끼지도 못했다고!

나도 피자 먹고 싶은데……

속상한 마음에 길에 있는 돌멩이를 걷어찬 순간이었어.

돌멩이 밑에서 무언가 날아오르지 뭐야. 종이 같기도 하고, 전단지 같기도 한 푸른 저것은?

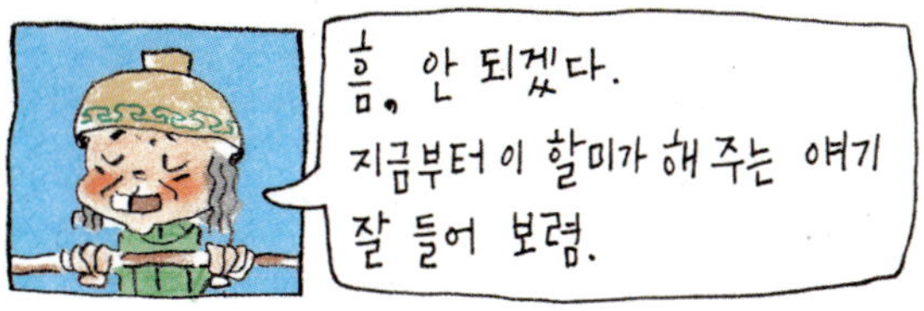

법보다 무거운 마음의 법, 양심

으슥한 골목길에서 벌어진 일이에요. 중년 신사가 종종걸음으로 골목길로 들어섰어요.

"어이쿠! 약속 시간에 늦겠네. 서둘러야겠어."

다급한 마음에 신사는 걸음을 더욱 서둘렀지요.

바로 그때 신사의 뒷주머니에서 지갑이 툭 떨어졌어요. 꽤나 두툼한 지갑이었지요. 하지만 신사는 지갑이 떨어진 것도 모른 채 급히 골목길을 벗어나 버렸어요.

"에이, 오늘은 되는 일이 없네."

고개를 떨구고 투덜투덜 길을 걷던 청년의 눈에 두툼한 지갑이 들어온 거예요.

"어? 지갑이네!"

청년은 두리번두리번 주위를 살피고는, 아무도 보이지 않자 냉큼 지갑을 주워 들었지요.

"이야! 돈이 두둑하게 들었어. 이게 웬 횡재야!"

청년은 지갑을 제 주머니 속에 쏙 집어넣고는 아무 일도 없었다는 듯 시치미를 뗐었지요. 그리고 유유히 골목길을 지나 사라졌어요.

"히히! 공짜 돈이 생기다니. 오늘은 정말 운이 좋은 날이야."

그런데 그 일은 정말 행운이었을까요?

아니랍니다. 그 일은 불행으로 바뀌고 말았어요. 며칠 지나지 않아 청년은 경찰서로 잡혀갔거든요.

왜 그런 일이 생겼을까요?

그날 신사는 지갑을 떨어뜨렸다는 걸 알아채고는 이내 골목길로 달려왔어요. 하지만 지갑을 찾을 수 없었지요.

"여기서 떨어진 게 분명한데……. 벌써 누가 주워 갔나 보네. 어쩌지?"

그런데 당황하던 신사의 얼굴이 한순간 밝아졌어요. 저만치 설치된 감시 카메라를 발견했거든요.

"저걸 확인하면 누가 내 지갑을 가져갔는지 찾아낼 수 있겠어."

신사가 짐작한 대로였어요. 청년이 신사의 지갑을 주워서 주머니에 쓱 집어넣는 장면이 고스란히 감시 카메라에 찍힌 거예요.

청년에게 주어진 죄목은 점유 이탈물 횡령죄! 다른 사람이 잃어버린 물건을 마음대로 가져가서 사용한 것에 대해 내려지는 죄예요. 1년 이하의 징역이나 300만 원 이하의 벌금에 처할 수 있는 큰 죄지요.

길에 떨어진 지갑을 주운 게 무슨 죄가 되느냐고요?

주인도 없는 물건인데 주워도 괜찮지 않으냐고요?

이 세상에 주인이 없는 물건은 없어요. 단지 잠시 주인을 찾지 못한 '남의 물건'인 거지요. 그렇다면 길에 떨어져 있는 돈이나 물건을 보면 어떻게 해야 할까요?

혹시 주인이 찾으러 올 수도 있으니까 그냥 그대로 두는 것이 좋아요. 또는 파출소나 경찰서에 가져다주면 되지요.

10원짜리나 100원짜리 동전도 그래야 하느냐고요?

물론이에요. '내 것이 아닌 것에는 절대로 손 대지 않기!'

그렇다면 다음과 같은 경우에 대해서도 생각해 봐요.

그날은 미술 수업이 있는 날이었어요.

"미술 준비물이 도화지와 색종이였지?"

학교 앞 문방구로 들어간 아이는 서둘러 도화지와 색종이 값을 계산했어요.

"아저씨, 1500원이지요? 거스름돈 주세요."

아이는 주머니에서 5000원짜리 지폐를 꺼내서 문방구 아저씨에게 주었어요. 그러고는 거스름돈을 받아들고서는 황급히 문방구를 나왔어요. 그런데 학교를 향해 가던 아이는 고개를 갸웃했어요.

"어? 거스름돈이 왜 이렇게 많지?"

아이가 받아야 할 거스름돈은 3500원! 그런데 아저씨가 내준 돈은 8500원이지 뭐예요.

"난 오천 원을 냈는데, 아저씨가 만 원짜리로 착각하셨나 봐."

순간 아이는 가슴이 콩콩 뛰었어요.

'이건 내가 잘못한 게 아니잖아. 아저씨가 잘못 준 거니까 내 잘못은 없어. 맞아! 그러니까 난 그냥 모른 척해도 돼!'

자, 아저씨의 실수니까 아이의 행동은 죄가 아닐까요?

천만에요! 이 경우도 범죄에 해당해요.

거스름돈이 많다는 사실을 알고도 모른 척하고 그냥 받아 가면 사기죄! 당시에는 몰랐지만 나중에 알고도 돌려주지 않으면 점유 이탈물 횡령죄!

사실 이런 일들은 우리 주변에서 일어나는 아주 사소한 사건들이에요. 그래서 그것이 큰 범죄라는 사실을 미처 생각하지 못하지요.

잘못 배달된 택배나 우편물을 뜯어서 사용하면 점유 이탈물 횡령죄! 길이나 버스, 지하철처럼 넓은 장소에서 주운 돈과 지갑, 휴대 전화 등을 가져가도 점유 이탈물 횡령죄! 도서관이나 백화점, PC방 등에서 주운 물건을 가지면 그것은 절도죄!

점유 이탈물 횡령죄, 절도죄, 사기죄……, 무슨 말이 이렇게 어렵고 복잡하냐고요? 복잡할 것도 어려울 것도 없어요. 법보다 간편한 것이 있으니까요. 법을 생각하기 전에, 내 마음의 소리에 귀를 기울여 보세요.

쿵쿵! 가슴이 뛰고 진땀이 나요? 입술이 바싹바싹 마르며 '안 돼! 안 돼!' 하는 소리가 들리는 것 같나요? 그게 바로 내 마음의 소리, 양심의 소리예요. 그 어떤 법보다도 쉽고 확실한 '마음의 법'이지요.

꽁짜 할머니의 인성특강

" 용기 있는 사람이란 양심이 명령하는 바에 따라 행동하는 사람이다. —L. 린저
양심은 수천 수만 명의 증인과 같은 것이다. —리차드 타버너 "

다나는 길에 떨어져 있는 돈을 주워 잠깐이라도 기분이 좋았을까요?

다나가 돈을 주워서 자기 주머니에 넣었을 때의 모습을 떠올려 보세요. 괜스레 주위를 살피며 두리번거렸지요? 자신의 행동이 남에게 들켜서는 안 되는 잘못된 행동이란 걸 이미 다나도 알고 있었던 거지요.

당시 다나의 마음에서는 이런 소리가 들려왔을 거예요.

"안 돼! 안 돼! 그건 잘못된 행동이야. 그건 내 돈이 아니야!"

바로 양심의 소리지요. 양심(良 아름다울 양, 心 마음 심)은 한자어로 '아름다운 마음'이라는 의미예요. 남의 물건을 가지면 안 되는 이유는 주변의 감시 카메라나 어딘가에 있을 목격자 때문이 아니라, 나의 양심 때문이죠.

　　　　　나의 양심은 내가 무엇을 하였는지, 누구보다도 잘 알고 있어요. 독일의 철학자 칸트는 이렇게 말했어요.

　"나를 둘러싸고 있는 것 중에서 생각하면 할수록 감탄을 금할 수 없는 것이 두 가지가 있다. 별이 빛나는 하늘과 내 마음속에 늘 살아 있는 양심이다. 이 두 가지를 통해서 나는 살아 있다는 것을 느낀다."

　양심은 무뎌지기가 쉬워요. 처음 양심에 어긋나는 일을 할 때는 가슴이 두근거리고 가책을 느끼지만, 같은 행동을 거듭하다 보면 어느 순간 가책을 느끼지 않게 되거든요. 그래서 양심이 무뎌지지 않도록 노력하는 일은 아주 중요해요. 그 중요함을 잘 표현한 말이 있어요. 인디언들이 스스로를 다스리기 위해 외우던 말이에요.

　"양심은 끝이 뾰족한 삼각형과 같다. 그래서 양심에 반하는 일을 하게 되면 이 양심이 마구 돌면서 우리 마음을 쿡쿡 찌른다. 그런데 세월이 가다 보면 그 끝이 점점 닳고 동그랗게 되는데, 이때가 되면 우리의 양심도 무뎌진다. 양심에 배반하는 행위를 해도 어떤 죄의식이나 느낌도 못 느끼게 되는 것이다. 그래서 늘 양심을 갈고 닦는 일은 중요하다."

길에서 돈을 주운 날, 다나는 '양심'에 대해 생각하게 됐어요.
다나가 생각하는 양심은 어떤 것인지 들어 보고,
내가 생각하는 양심을 써 보세요.

다나가 생각한 **양심**은
길에서 돈을 주웠을 때 주인을 찾을 수 있게 경찰서에 가져다주는 거예요.

다나가 생각한 **양심**은
마음의 소리를 듣고 행동하는 거예요.

내가 생각한 **양심**은

예요.